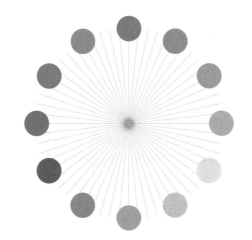

华为

时间管理法

（应用版）

华通咨询 著

清华大学出版社

北京

内 容 简 介

本书结合华为时间管理的七大法则，阐述了华为时间管理的理念、技术和方法。本书重点在介绍如何摆脱人性中的拖延习性，如何运用框架思维解决问题，以及如何运用目标管理、四象限法则、80/20法则、韵律法则等时间管理工具。此外，本书还阐述了如何利用流程优化思维提升时间管理能力，以及如何更加职业化地做事等内容。

本书可供企业管理人员和员工阅读，也可作为企业内训、员工教育的培训教材。

图书在版编目（CIP）数据

华为时间管理法：应用版/华通咨询著. —北京：清华大学出版社，2015（2024.10重印）
ISBN 978-7-302-36170-1

Ⅰ.①华…　Ⅱ.①华…　Ⅲ.①通信－邮电企业－时间－管理方法－深圳市
Ⅳ.①F632.765.3

中国版本图书馆 CIP 数据核字（2014）第 072716 号

责任编辑：陈凌云
封面设计：傅瑞学
责任校对：李　梅
责任印制：刘海龙

出版发行：清华大学出版社
　　　　　网　　　址：https://www.tup.com.cn，https://www.wqxuetang.com
　　　　　地　　　址：北京清华大学学研大厦 A 座　　邮　　编：100084
　　　　　社 总 机：010-83470000　　　　　　　　邮　　购：010-62786544
　　　　　投稿与读者服务：010-62776969，c-service@tup.tsinghua.edu.cn
　　　　　质量反馈：010-62772015，zhiliang@tup.tsinghua.edu.cn
印 装 者：三河市人民印务有限公司
经　　销：全国新华书店
开　　本：170mm×240mm　印 张：12.25　插页：1　字　　数：217 千字
版　　次：2015 年 1 月第 1 版　　　　　　　　　印　　次：2024 年 10 月第 13 次印刷
定　　价：48.00 元

产品编号：047464-03

华为时间管理法学习导图

中国企业从改革开放以来经历了三十多年的发展,现在正处于经济或产业结构的调整期。当下的经济形势严峻,全球性竞争正在进一步加剧,而中国企业不管是从研发、管理,还是从品牌、服务上来说,竞争力都有所欠缺,这是大部分管理者都承认的一个现实,且多数管理者也都能深刻地感受到当下这个调整期的艰难。

素以"狼性管理"著称的华为掌门人任正非说过:"华为没有成功,只是在成长。"在这位执掌世界排名前三的通信企业的经营者眼中,企业的成功必须如德国、美国、日本等国家的优秀企业一样,历经市场检验,仍然能够做到严守企业的经营理念和生存信条,与时俱进地提供高品质的产品和优质的服务。

而综观国内的大多数企业,除了经历过浮躁的市场拓展和粗放式的发展历程以外,真正用于锻炼内力、修炼品质的时间还很少。"中国制造"仍然是加工厂和低端产品的代名词,中国大多数企业仍然很难经得起风雨。

这是由于我们的底子较薄、管理水平较低所致。

毫无疑问,我们将会迎来一个新的未来,这是社会和经济发展的必然。经由结构性调整所产生的未来经济或产业格局中,也必将成就一批优秀的企业。但是,谁是未来的幸运者?哪些企业最有可能在这种变化中被逐步边缘化,以致失去对未来市场的适应力?或者,哪些企业能够安然无恙地踏上通向未来的发展之路,并且在未来的市场和经营格局中占据一席之地?这些问题很重要,但并没有现成的答案,需要我们在实践中敏锐地察觉变化,总结出科学的经营模式和管理方法。

我们要做很多工作,才可能避免企业被边缘化。但有一条核心原则是不变的,就是必须改变过去普遍存在的粗放式管理现状,寻求企业在各个关键资源、关键业务上的价值产出最大化。过去,我们可能认为管理好客户或者做好产品研发是第一要务,今天,这两者同等重要;过去,我们可能认为在成本的基础上控制质量是关键,今天,质量、成本以及产品创新等都需要齐头并进。我们能够感受到的一个基本的事实就是:在一个多变的时期,把管理的重心压到任何单一经营管理要素上,都是行不通的,都不可能保障企业通向未来。我们需要以一种"全面管理"的视野来经营企业——市场位置的瞄定、竞争优势的形成与维护、应对变化的思路、业务流程的科学性、人与业务的整合、人才价值的深度挖掘等——这些关键要素都应该纳入系统整合、优化的范围。最终,我们需要用"全面管理"的原则和实践赋予企业强健的魂魄。

对管理进行全面优化涉及的不只是经营和管理理念,它更需要落实到具体的行动中,落实到实际管理行为中,它是对管理实践活动提出的最基本的要求。正因为如此,我们每一个管理者都必须有意识地发现有效的、更好的管理方法,有意识地去消除企业经营中落后的因素。

鉴于过去近十年时间里,华通咨询(全称"北京华通正元管理咨询有限公司")一直在从事企业管理咨询和研究工作,我们有机会了解到各类型企业经营管理中常见的问题,也能够较深刻、全面地理解各类企业的管理需求。与此同时,华通咨询在过去近十年的时间里,已经形成了较优秀的咨询与研究互补结合的能力。因此,华通咨询希望与更多具备前瞻力的企业经营者和管理者一起推动这项变革。基于这样的信念和目标,华通咨询确立了一项基本的使命,那就是推进管理思想和管理技术的实践应用与研究。

在过去这些年里,我们的研究人员、咨询师队伍满怀着改善中国企业管理水平的使命感努力地工作,未来我们也将如此。您现在看到的这些图书产品,是我们依据管理实践的需求和企业普遍存在的问题,进行系统分析和总结的成果,也是我们对中国企业普遍存在的管理问题的系统解答。

站在变革时代的风口浪尖上,我们满怀希望——我们希望中国的每一个企业都能够在剧变的经营环境中安然无恙,都能够找到自己的产业坐标。我们推进咨询与研究一体化的工作,并总结咨询研究成果汇集出版,其目的正如上所述。

但是,除非管理者认识到企业的管理不足以及自身的不足,意识到这些不足是迫切需要解决的问题,否则再正确的经营思路、再有效的管理方法都不可能产生成效。企业管理水平的提升,首先面临的问题就是企业管理者思维方法和能动性的提升。麻木不仁或者满足于现状的管理者,是不适应当下以及未来的经营管理需求的——管理者必须更努力地学习新知识、新方法,必须更努力地通过管理的优化为企业创造出更好的局面,这是管理者的使命。

当下是未来的序幕。我们今天的努力将决定我们的未来。

谨此,与读者朋友和管理同人们共勉!

2014 年 10 月

FOREWORD | **前言**

过去数年来，华通咨询的顾问老师和研发团队一直致力于企业管理问题研究和咨询辅导工作。在与众多的企业经营者和管理者的接触中，我们了解到，面对日益严峻的全球化竞争格局以及正在经历着的经济危机，他们充满了无奈和忧虑。

许多企业经营者和管理者希望我们能够提供一些标杆型企业的经营策略和管理方法，这引发了我们的思考。在过去的几年里，我们的顾问团队和研究小组有意识地与一些知名企业的经营者、管理者以及员工进行深入的沟通、了解，对他们的经营策略、管理方式和工作方法进行了深入的分析和研究，通过系统化的梳理和整合，旨在为广大管理同行提供一些可供学习的成功案例。

最近一些年，华为逐渐成为国内众多企业学习的典范。自 1988 年创立以来，华为以爆炸般的速度成长为中国通信行业的领头羊。即使在金融危机中，面对许多企业惨淡经营的局面，华为依然保持着骄人的业绩。

2009 年 12 月 31 日，华为总裁任正非向华为员工发表了新年致辞。在致辞中，任正非对华为在 2009 年成功经受考验、创出 300 亿美元的销售业绩感到自豪。看到华为的快速成长，就连世界网络通信巨头、财富 500 强之一的思科公司总裁钱伯斯都不得不警觉起来，认为"在今后几年里，思科将只有一个竞争对手，它就是华为"。

华为的成就无须多说。由于华为的低调，在局外人的感知中，华为只是一家以"狼性文化"著称的通信企业。事实上，这样的认知是片面的。对华为和华为人的研究越深入，人们就越能够意识到华为人的一个重要品质——华为人在工作中非常注重方法，并不断努力追求更高的作业效率。特别是华为人对时间管理的重视，是他们能够实现高效运作的重要原因。人们只要走进华为公司，就一定会被华为员工高效而井然有序的工作状态所震撼。

然而，看看我们自己每天的境遇，是不是觉得每天都像工蜂一样忙碌，但工作成效并未产生可观的增长，而且经常是越忙越乱。于是你会抱怨：为什么我总有做不完的工作？为什么我要把那么多工作带回家去做？

基于这样的原因，我们通过系统化的梳理和整合，整理出华为员工在工作中常用的时间管理技术。这些技术，不仅是华为公司每次培训课的重点解说内容,也是华为员工在工作实践中提高效率的法宝。

本书总结了华为人的工作理念、模式、技巧和工具,同时融入了华通咨询公司长期在此方面的辅导经验和心得。因而"华为时间管理法"是对个体工作者有效利用时间、高质量完成工作任务的方法汇总。

本书内容阐释精细、深入,语言深入浅出,表达形式较为灵活。同时,结合真实的华为案例,使读者获得更为轻松、愉悦又不失深刻的阅读体验。

在本书创作过程中,我们得到了众多管理同行和华为员工的帮助,在此一并表示感谢!

最后,我们衷心希望本书能够为那些意识到工作方法的重要性,并试图更有效地掌控个人时间的读者带来切实的帮助。如果您发现本书中的不足之处,也请向我们提出宝贵的意见和建议。

作　者

2014 年 10 月

目录

CONTENTS

第一章

理解人性，打开时间管理之门

人的本性中一些陋习和不自觉的行为是造成做事低效的隐形魔鬼。了解人性、理解人性，才能够更好地管理自己，进而为时间管理打下基础——自觉地审视和改善自己在时间管理上的陋习。

▋ 第一节　理解人的本性

"我从没遇到过一个喜欢把事情往后拖的人,或喜欢拖延的结果的人,但我看见很多人在这么做。如果我们不喜欢它,也不喜欢拖延的结果,为什么我们总是那样去做呢?"世界上最受追捧的演讲家和畅销书作家奥格·曼狄诺这样评价人们在对待拖延、浪费时间上的态度。一方面,人们不愿意接受因拖延造成的结果;另一方面,人们又享受着拖延过程中的自由和惬意。这就是可爱的人性。

◎人人喜欢的心理舒服区

在心理学中有一个概念——舒服区。处于这一区域的人对自我的认同保持一种良好的感觉。而为了保持这种感觉,人们甚至会拒绝理性的判断,换之以麻痹、拒绝、逃避或勉强等非理性的方式让自己处于安乐之中。

这也是人们做事拖延,不愿意挑战更高效、更优质的工作的原因。

1995 年,华为在 C&C08 交换机上的技术上取得了重大突破,于是产品向市场大面积渗透。华为的年度销售额也达到了 15 亿元,华为进入高速发展阶段。

然而,随着创业期涌现的一批个人英雄的职位越升越高,他们发现自己的发展空间越来越小。于是,一部分高层管理者开始丧失创业时的激情,松懈下来,这也极大地影响了下属员工的工作积极性,成为华为继续发展的瓶颈。

显然,当时的很多华为人已经走入舒服区,开始"享受"了。对此我们要有清醒的认识,身处职业现场,就必须明白:因为竞争激烈,每个人都在大踏步向前的时候,自己的每一次停顿和放慢脚步都是一种后退,可能自己现在还处在"舒适区"里乘凉,但很快就会陷入"困顿区"。

IBM 在与华为的咨询合作中,发现许多由技术岗位晋升的管理人员仍然沉溺在自己的技术世界中,而对团队管理、资源协调等管理工作不是很热情,甚至对国外的先进管理技术存在抵触情绪。IBM 明确地指出华为人喜欢沉溺于舒服区的这种现象,并建议华为经营层下狠心进行改善和扭转。

任正非也指出:"我们现在有些干部、员工都沾染了骄娇二气,开始乐于享受生活，放松自我要求，怕苦怕累，对工作不再兢兢业业，对待遇却斤斤计较。甚至，连一批创业时期打拼出来的个人英雄都没有了以往的激情。"

人们在自己的心理舒适区内，做任何事情都是很容易的，而超出了这个范围，平时轻易能做到的事情，很多人就不愿尝试了。但任正非坚决地做出了决定：让大家全部"归零"，并通过竞聘上岗，有能力的继续上；没能力的、跟不上形势需要的，转换岗位或下岗。

> 1995 年，任正非以一篇题为"目前形势与我们的任务"的万言报告，拉开了市场部整顿工作会议的序幕。他指出："为了明天，我们必须修正今天。你们的集体辞职，体现了大无畏的毫无自私自利之心的精神，你们将光照华为的历史！"
>
> 随后，由分管市场部的华为副总裁孙亚芳带领 26 个办事处主任同时向公司递交了两份报告：一份是 1995 年的工作述职报告；另一份是辞职报告。孙亚芳还做了集体辞职的激情演说。当市场部代表宣读完辞职书的时候，许多人眼含泪水走向主席台，台下则有人带头喊起了口号："前进，华为！前进，华为！"
>
> 华为整训工作会议历时整整一个月，接着就是竞聘上岗答辩，公司根据个人实际表现、发展潜力及公司发展需要进行选拔。

就是这样，华为以极大的决心和毅力，将干部、员工的固有资格全部清零，让他们走出舒服区，重新处于竞争的状态。华为总裁任正非对此有过经典的论述，他说华为人要做奋斗者，不能太舒服，太舒服了就没有了追求。在华为，许多主管、项目经理经常换岗，去年还是项目组长、项目经理，今天可能就是某个项目经理手下的研发人员；也有可能去年还在杭州研究所，明年就得准备去非洲、马来西亚等。在华为，每个研发人员办公桌下都有一张床垫，累了，就在上面躺一躺，然后接着干……正是因为这种狼性精神，让华为始终保持着高昂的进取心和高效的工作执行力。

◎消极人生的生存哲学

人们在心理舒适区时，往往会抱有消极的人生哲学。消极的生活方式和生活态度，虽然有吸引人的地方，但并不利于个人的生存和发展。

> 在安东尼·罗宾成为心理大师之前，一无所有。当时他住在一间只有 11 平方米的单身公寓里，房子小得连洗碗盘都得在浴缸中进行。那时的他意志消沉，身材肥胖，可以说是前途黯淡。
>
> 但是，即使是这样，他仍然没有觉得这有什么不对。因为他每天

可以很晚起床,可以肆无忌惮地吃垃圾食品,也可以在邻里街坊面前毫无顾忌地表现自己。换句话说,他在这种生活中感受着各种人性的"自由",舒服区的惬意使他没有产生任何试图改变的想法。

同样的情况发生在工作中:一些人在工作中碰到困难,或者感觉缺乏激情的时候,常常会陷入无聊的幻想、网络之中。他们将工作问题搁置——除非迫不得已,否则不会积极主动地去解决问题。久而久之,他们习惯沉迷于虚幻之中。

对于工作,如果不能用行动积极去解决问题,而是选择逃避、拖延,最终会将自己置于一个极其被动的职业状态中。

但是,很少有人知晓的另一个奥秘是:这种消极的生存哲学,乃是因为责任感的缺失。一个著名的例子是肯德基创始人桑德斯上校。

桑德斯真正功成名就之前,一直处于人生的最低谷。他年轻的时候,从事过各行各业的工作,包括铁路消防员、养路工人、保险商、轮胎售货员及加油站经营者等。

不幸的是,这些工作无一例外都失败了。特别是在"二战"过后,桑德斯的加油站被迫停业,他转而经营饭店,但美国高速公路建设使他不得不转让这家饭店。桑德斯上校由此成了一个一文不名的穷人。

由于长期的消沉,得过且过,更难堪的局面出现了:他的妻子离他而去,法院判决他未经同意不得见自己的女儿。

直到 65 岁,他拿到一张 105 美元的退休金支票,他意识到过去的生活已经乱了套,自己应该也可以对自己的生活负责,对家庭负责,而不是逃避责任、不断抱怨。

后面的故事,就是他拿着 105 元的退休金开创了一个伟大的商业帝国。

"放弃责任,就等于放弃人生",桑德斯如果不是勇敢地担负起责任,那么他无疑还会过着自怨自艾的生活,靠着退休金生活下去直到终老。

我们在这里给出一些小建议,希望能够帮助大家走出消极区。

- ☐ 每天清晨起床,晚间入眠时,双手合十,心怀敬畏:加油!我将比任何人都出色。
- ☐ 每天工作结束的时候,确认工作成效,并思考如何提高。
- ☐ 每周反思本周内自己的失误和不足,人只有在不断反思中才能获得信念和更好的方法。
- ☐ 随时"清零",保持空杯心态,相信荣誉只属于过去,着眼于未来。

◎不可靠的完美错觉

过于追求完美也是导致拖延时间的一个重要原因。如果你仔细观察周围一些人的工作或者生活，会发现有些人恰恰是因为过于追求完美而导致效率低下。

"告诉我，告诉我，有什么事是做完了的？"——这是拥有着画家、发明家、哲学家、音乐家以及生物学家等等头衔的文艺复兴巨匠达·芬奇，在其恶疾缠身、行将就木之际而发出的满怀悔恨的言语。

最后，他留给世人的是：一箩筐的手稿，记载着无数开了头却没结尾的伟大构想，比如机器人、直升机、温度计等的设计。这位被誉为近代生理解剖学始祖的天才，一生没有就其研究发表过一部相关著作；而以画家身份留下的画作也没有超过20幅。有那么多的想法，却被自己拖了一年又一年，直至离世，也没有完成。

达·芬奇生前最后喊出的这句话，可以说是对所有完美主义者未来景象的阐述——时光流逝，但一事无成。

大部分时候，我们错误地认为把事情做到极致的完美是一种值得赞赏的态度，而这只反映了部分事实。大多数的完美主义者都过于注重细节、要求工作以无懈可击的方式完成，但却不在乎投入的时间和精力。这就导致他们的工作很难在最短的时间内完成，或陷入极端的困境。

过于追求完美有时候确实是一种错觉思维——一种看似正确实则极端不利的思维方式。正是因为追求完美，行动上的拖延、成效的降低、正确决策的延误等连锁性的不利影响便纷至沓来。

华为清醒地认识到了这点。面对有几十年甚至百年历史的世界级巨头，华为并没有追求技术的完美，而是不断地利用成熟的技术进行创新，对现有技术进行改善，力求在某一方面逐渐成为专家。

华为早期的执行文化，以快速满足客户需求为主，虽然质量上尚有改善的余地，但是产品的产出以及服务速度非常快。一个产品，竞争对手可能还在研究阶段，华为则已经为客户上线了，然后再通过跟进一些补丁在线上解决问题。华为的这种服务效率让许多同行企业望尘莫及。

任正非在2008年6月的一次员工讲话中指出：不要做完人，做完人是很痛苦的……我认为最主要的是发挥自己的优势，实现比较现实的目标。

那么，如果我们不能"过于追求完美"，我们应该怎样做？

□ 以追求完美为目标，但不可以将完美作为过程。

☐ 安排事情的顺序表，提醒自己还有很多事要做。

☐ 学会放弃，不要将时间耗费在一件事情上。

☐ 自己的能力、心智终归有限，懂得向他人求助。

从华为公司的发展中可以得出，真正重要的不是"完美"，而是"持续改善"，懂得在改善中不断提升自己，终将走向卓越。

◎对决策和责任的恐惧

拖延也可能是人们因恐惧做出决策，害怕因此担负责任而导致的工作现象，或者说是一些人因恐惧风险而暂时逃避风险，让内心进入暂时的心理舒服区的自我麻痹手段。

某夜，一架大型客机从机场正常起飞。飞机升空还不到 5 分钟，指挥塔台就收到了机组报告：第 3 台发动机起火！

机组人员全力以赴采取扑救措施，但火仍未能被熄灭，情况非常严重。因此，机组紧急呼救，迫切要求返航降落，同时申请空中放油。

事情本来很简单，答复其返航即可。但由于飞机在接触地面的瞬间容易起火爆炸，因此，问题产生了。

塔台指挥员从来没有遇到过空中放油的情况，所以不敢做主，便向值班管理者请示；值班管理者不是飞行员出身，不敢点头，又向航空总局调度值班室请示；调度室值班员又向上请示……就这样，一级级、一层层地向上请示。30 分钟过去了，前后请示了 16 道关口，却无人做主。

此刻，飞机却载着一百多名乘客心急如焚地在空中盘旋待命……

对决策和承担责任的恐惧让人们不敢做出任何行动，一味地拖延，并最终为此付出更大的代价。

对很多人来说，"做出决策"这一行为本身就是一个难以跨越的门槛。对决策的恐惧，更多的是因为害怕承担责任。

2008 年，华为数通产品线某产品版本规模大，维护困难，升级频繁，遇到问题处理流程非常慢，客户投诉不断。曾经有一个测试经理抱怨：一个问题定位转了 26 道手！

最后他们总结出：做好了，不知道表扬谁；做砸了，不知道批评谁！

可以看出，做出决策和承担责任需要很大的勇气。庆幸的是，华为人并没有逃避。面对责任，他们没有说"这不是我的问题"，而是通过自我反省，寻找问题所在。这也是华为伟大的原因之一。

假如我们有了决心和勇气，接下来就学习一下做出决策的技巧。做出决策的科学步骤和内容如表 1-1 所示。

表 1-1　做出决策的科学步骤和内容

步骤	内　容	说　明
1	确实了解问题的性质	比如，一个问题是经常性的，就可以通过一项建立规则或原则的决策来解决
2	确实找到解决问题时必须满足的界限	这里的界限，即找到问题的"边界条件"在哪里，也就是说，决策的目标是什么，比如最低限度应该实现什么目的、满足什么条件能实现，等等
3	思考解决问题的正确方案	一项正确的解决方案，应考虑其满足条件是什么，还要考虑必要的妥协、适应及让步事项等，确保其可行性
4	决策方案要同时兼顾执行措施	决策内容本身应该包含行动方案，甚至是详细的行动步骤，那些忽视行动规划的构想必然会导致行动力不足
5	执行过程中要重视反省和反馈	对执行过程的反省和反馈，一是朝向自身的，一是朝向外部的。你既要主动纠偏，还要与他人互动，以便获得支持

有人说，对决策和承担责任唯一的恐惧正是恐惧本身。一些人原本可以勇敢决策，勇于行动，但最终让恐惧战胜了自己而养成了拖延的习惯。

如果你只敢想象，不敢决策与行动，那你的想象对你的工作又有何助益呢？不要让犹豫和害怕成为工作的一部分，工作的本身是理性思考和准确、快速地行动，没必要搭上自己的情感。

▌第二节　建立积极的心智模式

追求值得自己骄傲的生活品质,以给自己压力;对人生保持敬畏,对幸福保持敬畏,对他人保持感恩;保持空杯心态,随时清零,积极反省,用担当拥抱工作和生活。

◎快速行动是一种力量

快速行动是一种带有"突破性"的力量。

> 张瑞敏曾经在一次中层干部大会上向员工提出了一个问题:"如何能够让石头在水面上漂浮起来?"有人回答:"把石头里面掏空。"张瑞敏摇了摇头。又有人答道:"把石头放在木板上,就可以飘起来了。"张瑞敏回答:"没有木板。"还有人说:"石头不会是假的吧?"张瑞敏摇摇头:"是真的。"

> 最后,终于有人站了起来,答道:"是速度。"张瑞敏露出了会心的笑容,说道:"回答正确,只有速度才能决定石头是否可以飘起来。"

快速可以让石头在水面上飞起来,而缓慢则会让石头沉下去——无论是工作,还是生活,这个道理都是适用的——你要么因为快速行动发展起来,要么因为低效缓慢而沉沦下去。生活不是一成不变的,在这方面没有中庸的、不退不进的状态。

> 2004 年,诺贝尔物理奖颁发给了格罗斯、维尔切克和波利第三位美国物理学家,他们在 1973 年发现:物质的最基本粒子——夸克(夸克,通俗地说就是组成质子、中子、介子的人类目前不可再分的物质基本粒子)有一种所谓"渐近自由"的特性。在颁奖典礼上,有两位科学家却高兴不起来。

> 一位是华裔美国物理学家徐一鸿。徐一鸿在 1972 年春想到了"渐近自由",但是这种观点在当时太激进了,因此他没再往下想;一位是美国物理学家特霍夫特,他在 1972 年马赛的一次会议上,对德国物理学家西曼尼说,他可以证明"渐近自由"符合现有的理论,可惜特霍夫特当时忙于另外一项研究,没有听从西曼尼的建议立即发表这一结果。

机会总是稍纵即逝的。如果你先做,那么你的机会总比后做的人多。

华为人在发现某种机遇或问题时，能够快速做出行动；得知与公司发展有关的事件或政策时，能够及时做出反应；当意识到公司内存在某种会给生产和开发造成阻碍的问题时，能够迅速采取措施及时纠正。

> 2000年春节，黑龙江的一个本地网交换机中断。华为的技术人员在一天内从深圳赶到黑龙江，发现问题不在华为，但仍将自己的接入网改接到另一路由，恢复了正常通信。客户不胜感激。

华为几乎做到"日夜守护"，维修人员随时待命，哪里有问题，立即维修更换。华为正是通过这种快速反应机制来抵消跨国公司的技术和质量优势。

华为的快速行动力体现（部分）在下面几方面。

- □ 市场情报反馈。每位一线人员，包括市场经理，至少一周向总部汇报所辖区域的市场动态。
- □ 市场情报汇总和问题落实。设有专门的"销售管理部"，对所有的项目信息和求助信息进行提炼和汇总，按照紧急程度和重要程度依次落实。
- □ 重大项目日报制。当有重大项目，主管的项目经理每日向总部汇报项目进展。
- □ 投诉机制。如果一线反应的问题未及时得到落实，一线人员可以投诉，查实后，相关人员将受到处分。

华为的嗅觉就像"狼"一样灵敏，快速捕捉战机，快速反应市场。一般情况下，华为从签合同到实际供货只要四天的时间，这足以令任何对手胆寒。快速行动的力量可见一斑。

华为采用的是矩阵管理模式。众所周知矩阵式管理的弱点：多头管理，职责不清，往往使得效率低下。华为的策略是：通过互助网络，对任何问题做出迅速的反应，避免矩阵管理的弱点暴露。

工作中，面对任务、下级的请示，如果拖延不决，将造成的问题是：你永远不知道自己是否有能力做好应该做的事，也永远不知道自己究竟有多大的能量能够创造属于自己的未来。更重要的是，一件事情如果没有完成，这件事情就会时刻影响着你对下一步事情的投入，这种"未完成状态"必将拖垮你，使你无所作为。

与其在追求极致、拖延中沦陷，不如在快速行动中发挥自己的优势，实现一次次质和量的飞跃。

◎规划自我，追求高效能

时间管理行为在很大程度上是一种选择，可以选择高效能，也可选择杂乱无章。

华为人在比较艰苦的情况下或巨大的压力下仍然能坚持高效率地工作。他们在接到困难的任务后,会克服各种困难,通过各种方法完成任务。华为的成功很大程度上取决于基层组织的精确执行和反应上。

> 华为人面对时间紧、任务困难时的做法,正如华为公司的某个项目负责人所说:"当时感觉是时间紧,要出产品,用的办法就是'苦',生活没什么规律,他们白天设计,我晚上把他们的东西全部收过来,整理汇总成一个自动本,到第二天早上放回。一般一做就是一个晚上,一直到天亮。要是白天做,别人就必须等着,所以就采用了这样一个并行处理的方式。"

华为人主动追求高效的工作状态,全力推动项目的进程。

在实际工作中,为了体现自己的高效能,除了改善工作方法外,还可以通过积极的心理建设,补充时间管理的心理能量。

积极的自言自语

积极的自我肯定是从意识传递到潜意识的指令,其中所带有的情感和激情词汇将作为新的操作指令输入你的潜意识中。

我们可不断对自己重复"我擅长管理时间"、"我擅长规划"、"我能合理地利用时间"的承诺、信念,这样一直坚持下去,积极的自我肯定会影响你的外在行为。

将自己冥想为高效率的人

你脑海中的图片可以最直接、最迅速地影响你的潜意识。在自我形象心理学中,你看到的自己就是你即将呈现的形象。

将自己视为擅长规划、成果卓越、效率极高的人,回想并重新构造自己呈现最佳表现时的记忆和个人印象,将这种形象一遍一遍地在脑海里回放,这种指令就会迅速地被潜意识所接受,并随后成为你思想和行动的一部分。

角色扮演高效率的人物

假装自己是个人效率方面的专家,一直假装下去,直到你成为真正的专家。当你假装自己擅长时间管理时,在你直接控制下的行为将最终发展成为潜意识里与该行为一致的意识集合或信念。

建模

即模仿某个合理使用时间的人。想一想你所羡慕的某个拥有良好的时间管理技能的人,以他作为你的标准或楷模。想象一下在任何既定的情形下他将如何应对,然后自己模仿照做。根据心理相容原则,你的内心就会趋同于他人身上具备的、最令你羡慕的品质。

成为一名老师

设想从今天开始,你要教授一年的时间管理课程。在理解时间管理新理念的同时，思考如何将其教授给他人。你思考什么，你就会成为什么样子；你教授什么，你也会变成那个样子。

假想成为他人的楷模

与只想提高自身效率相比，把自己看作一个楷模、一个具有出色表现的典范人物总会令你更出色地完成更多的任务。你越把自己视为他人的楷模，在规划时间方面你就能做得越好。

◎用自尊提升自我效能

自尊的定义是"你喜欢自己的程度"，自我效能是"完成工作时你对自身工作效能的感觉"。

你使用时间的能力越强，完成的工作就越多，你的自我效能感就越强。因此，你会更喜欢自己，从事质量更高的工作。

华为时间管理培训的专家们认为，与时间管理有关的、影响自尊心的因素有3个。

确定自己的价值

华为高级副总裁徐直军指出，一个给自己高度评价的人会高效地使用自己的时间，因为他知道自己时间的价值。

可逆性原则表明，情感和行为是互相影响的。如果你有某种情感，你将做出与这种情感一致的行为。反之，如果你做出了某种行为，该行为将使之产生一种与其一致的情感。这意味着如果你假装自己的时间极为宝贵，那么这种行为将使你感到自己更有价值、更为重要。通过出色地管理时间，你将增强自尊，更好地完成所有任务。

> 华为人认为，人做每一件事的时候并不仅仅在追求经济回报，有时候也是一种自我价值实现的需要，比如医生救死扶伤、教师教书育人、警察除暴安良，即使不给钱，有时候他们也会这么做的。

> 另外，在完成一件工作的时候，心里会油然升起一种满足感或者成就感。相比一个人无事可做、闲得无聊要好上很多倍！

让工作与自身价值匹配，高效地使用时间——这一行为帮助华为人不断改善自身形象，树立自尊与自信。

争取掌控权

将你学到的关于时间管理的所有知识应用于工作，这能够提高你对自己和工作的控制感。你将因此感到自己更有效能和效率，会觉得自己更能干、更强大。因为你在工作效能和工作成果方面的任何提高都将强化你的自尊，增加个人幸福感。

清楚自己的需要

对自尊具有直接影响的第三个因素是你的当期目标,以及你为实现这些目标所采取的行动。你的目标和行为与你自身的价值越匹配,你的感觉就越好。我们再次给出三点建议:

☐ 确定自己的价值,然后下决心过上与自身价值相匹配的生活;

☐ 努力掌控一切,让自己绝对胜任工作;

☐ 确保目标与你的真正价值、信念一致,永远要比别人先投入工作、先做准备、先进行沟通⋯⋯

◎自我奖惩,克服拖延

如果能用行动证明自己可以克服拖延,那么在渐有成效的基础上,我们最想得到的是什么?不论何种方式,总是希望给自己庆祝一下。这些"希望"正是对自己的奖励。

相反,如果我们一而再、再而三地让自己回到拖延的状态中,那么,在这样的恶性循环状态下,最不想做的是什么?

很显然,这是对自己的惩罚,毕竟没有一个人愿意自己惩罚自己。然而,我们必须明白的是,在克服拖延的行动中,一个不可缺少的部分就是对自己进行适当的奖惩。

无论是奖励还是惩罚,都是一种强化手段,其目的都是激励个人做出正确的行为。二者的不同在于,奖励是为了增加某一期望行为出现的次数,而惩罚的目的在于减少某一消极行为出现的次数。心理学家斯金纳的研究为我们验证了这个道理。

斯金纳以8只鸽子为实验对象,实验的前几天,斯金纳只喂它们很少的食物,目的是让鸽子们处于饥饿状态,以增强其觅食动机,让实验效果更明显。

随后,斯金纳将饥饿的鸽子放入专门的"斯金纳箱"中。这个箱子里装有食物分发器,每隔15秒会自动放出食物。因此,不管鸽子在做什么,每隔15秒它都能获得一份食物,这是对它之前行为的一种强化。

之后,他让每只鸽子每天都在实验箱里待几分钟,对其表现出来的行为不做任何限制,只是观察和记录它的行为表现,尤其是两次食物放出期间的行为表现。

结果发现,一段时间后,鸽子们在食物发出之前的时间里,做出了一些古怪的舞蹈行为：有的在箱子里逆时针转圈，有的反复地将头撞向箱子上方的一个角落，还有的头和身体呈现出了一种钟摆似的动作——头部前伸，并且从右到左大幅度地摇摆。

斯金纳认为，鸽子们的舞蹈行为是强化的结果。也就是说，在鸽子们的理解中，是因为自己做出了舞蹈行为，才有了随后的奖赏——食物，所以为了再次获得食物，它们更加卖力地表演舞蹈。

这样的结果可信吗？

为了验证这种假设，斯金纳停止了向箱子里投递食物。起初，鸽子们一如既往地表演着舞蹈，但慢慢地，鸽子们发现，任凭自己怎么表演，也不再出现食物了，于是，它们相继停止了表演。

由此，斯金纳认为，人或动物为了达到某种目的，会做出一定的行为，当这种行为的后果对其有激励作用时，这种行为就会在以后的时间里重复出现；相反，如果这种行为的后果为其带来了一些损失或不利，则这一行为很可能就会减弱或消失。

这样看来，奖惩措施在一定程度上的确影响着行为的效果。回到拖延问题上，如果我们能主动、自觉、有意识地为自己克服拖延的行动做出评断，并给予应有的奖励或惩罚，那么我们克服拖延的行为也能够得以保持或改善。

不过，由于在大多数情况下，惩罚只能消除某一拖延行为，却不能保证人们做出期望中的行为——彻底克服拖延的习惯。换句话说，惩罚具有一种暂时性——只能暂时地让个人不做出某种行为，但时间一久，很可能又是重归旧习。因此，我们并不提倡运用"惩罚"这一强化手段，而应更多地主动选择奖励手段。

那么，我们应该如何运用奖励手段来帮助自己积极地克服拖延呢？

一个在家工作的妇女告诉她的丈夫，让他在离开办公室前一小时打电话给她。之后，她就开始阅读公司交给她的一些相当枯燥的背景资料。如果她把"这项工作"完成得比较好，她就会在丈夫到家之后，与丈夫一起出去吃晚餐；如果完成得非常好，他们还可以在晚餐后去看场电影；如果完成得不好，那么晚餐就由她亲自来做——她讨厌做饭。

因此，为了避免做饭，也为了能够跟丈夫一起出去用餐，她通常会很认真、很努力地去完成这份"苦差事"。

案例中的妇女正是运用社交奖励策略。它能作为一种动力来鼓励人们面对不愿意做的事情。在通向"克服拖延"目标的每一个阶段，我们都可以运用社交奖励。比如，在你跨出第一步之后，你可以给你的朋友打个电话；当你需要休息的时候,你可以跟朋友出去散散步;在结束漫长的一天之后,你可以和家人一起去看一场电影;而在完成一个大项目之后,你就可以为自己安排一次度假。

此外,个别情况下,我们还可以将"拖延借口"转化为"克服拖延的奖赏"。例如,你感觉饿了,想停下工作去吃东西,那么就再工作 15 分钟——完成后再去吃东西。

◎释放时间管理的潜能

为了帮助自己建立积极的心智模式,以便在工作中释放出更多的时间管理潜能,我们应在实践中主动遵循以下十项原则(如表 1-2 所示)。

表 1-2　释放时间管理潜能的十项原则

序号	原　则	解　析
1	时间管理可以提高自我的贡献价值	你觉得自己对公司的贡献越大,你的自尊就越强。自尊越强,时间管理能力也会显著提高,这会体现你在工作中的越来越多的价值能力
2	获得的报酬等于你为他人提供的服务价值	时间管理亦体现着多劳多得的原则。如果想提高回报的质量与数量,那么我们就要提高服务的质量
3	表现最佳的人专注于成就	高效能的人集中精力提高产出和完善成果。当我们关心自己所在职位的产出时,就会变得越来越出色,成果就越显著
4	所有事情取决于时间利用能力	高效的时间管理,才能改善或提高工作的质量和数量
5	时间是最稀缺的资源	所有的一切都需要时间,没有任何东西可以替代,但时间无法保存
6	运用时间管理技能有助于培养判断力和前瞻力	时间管理能帮你完成工作,而你完成工作的能力是度量你对公司价值的主要准则
7	集中精力管理时间,以使自己形成强烈的结果导向意识	集中精神完成业绩,这是让你更快、更好地实现目标的最便捷、稳妥的途径
8	时间管理可以让人更轻松地工作,而非更辛苦	缺少时间管理技能会让人们在工作中劳而无功
9	成就感和满足感是行动的力量源泉	人们得到的越多,自我感觉就越好,就越渴望做更多的事情
10	树立信念:从现在开始,我拥有全部的时间	管理好每一分钟,才能合理利用一小时、一天……

这十项原则,只要我们每天坚持,总有一天,我们在时间管理方面将会有出色的表现。

▌ 第三节　在压力中保持平衡

压力已经成为我们生活和工作的一部分，我们要以正确的态度处理它，要学会在压力中保持平衡。

◎左边抑郁，右边焦虑

人们出于享受、追求完美或恐惧，做事时往往会拖延。

> 明明知道那么多事情堆在眼前，要写的代码，散乱的办公桌，要打的电话，一封该发的邮件……明明很着急，可还是磨磨蹭蹭，告诉自己反正还有那么一点时间……于是，随着时间的流逝，心情也愈加沮丧。

很多人因为事情烦乱而变得六神无主，甚至长期处于抑郁的状态。但无论如何，任务总是需要完成的。久拖不决，只会随着时间的流逝，让自己变得焦虑。到最后又寄希望于"第二天"，不由自主地拖下去，宁愿看网络上一些无聊的链接，也不愿意开始工作。

这样的状态周而复始，在自责和焦虑中煎熬，慢慢地发现自己什么都不想做、心情还很压抑，此时已经陷入了抑郁的状态。面对工作时，会感到压力无比的大。

其实，我们本可以避免这些问题的发生。

法国哲学家蒙田说："我们的人生注定充满可怕的不幸遭遇，而其中大部分的不幸是在瞎想，是从来不会兑现的。"自己陷入拖延的理由是在瞎想，因拖延而产生的抱怨同样是在瞎想。

与其在拖延、抑郁、焦虑中虚度时光，不如改掉这些坏习惯，用行动证明自己。

> 7月的博斯普鲁斯海峡，气候宜人，风景如画。在土耳其的华为网络规划部收到了一封客户的邮件。客户租了一艘豪华游轮邀请他们去海峡。原本以为是对方邀请参观，但到了目的地，华为员工才发现客户下周四准备在博斯普鲁斯海峡的游船上做 3G 体验，还邀请了土耳其主要的新闻媒体，并要求华为公司紧急予以配合：要尽快在沿海峡附近的基站上开通 20M 高速下载业务。

接受挑战！

这对于网络规划部是一个大难题。华为公司在伊斯坦布尔做3G商业网络的项目,客户的这个要求对正常业务是一个巨大的冲击;此外要支持20M高速下载,需要新技术,更麻烦的是时间紧急。

面对客户的要求,拒绝了这个活动,就是拒绝了CEO,也就是拒绝了土耳其的市场。网络规划部选择了接受任务。

当下行动！

华为的员工们当即与客户方技术人员在游船上测试,没有任何准备的前奏。由于海峡水道弯曲多变,与静态的情况完全不同,船稍微摇晃一下,就会对信号产生影响。而且博斯普鲁斯海峡很长,周边站点很少,开通20M高速下载业务需要涉及全面调整。项目组经过周六、周日连续奋战,确定了初步方案。但在执行中,又出现了意外,海峡两岸容量不够大,要临时调整,客户又提出新的需求……

深夜奋战！

经过前期的调整,留给设备研发现场人员的时间只有周二深夜以及周三深夜的时间(白天要保障商业网络业务正常地运行,不能做大调整)。网络规划部门决定在夜间作业。对海边基站一个小区一个小区地测试,并调整出现的问题。终于,在周四的破晓时分,基本完成了改造业务。

……

周四的早晨博斯普鲁斯海峡碧波荡漾、古老的城堡静静耸立在海峡两岸。上午10点,来宾们兴致勃勃地登上游艇,品尝着美酒,体验着3G。客户对华为的服务很满意。

华为员工面对艰难的任务,没有丝毫犹豫,在第一时间展开行动,并连续奋斗几天几夜,圆满地完成了任务。

任正非曾说自己最佩服的勇士是蜘蛛,不管狂风暴雨,不畏任何艰难困苦,不论网破了多少次,它仍然勤奋,不屈不挠;最欣赏的是蜜蜂,天天埋头苦干,不会因为缺少赞美而少酿一点蜂蜜。

对于我们而言,何必纠缠于一时一地的困难,何不树立更远的志向,艰苦奋斗,等待成功时刻的喜悦。当我们有了这样的心境时,眼前的烦乱、琐碎只不过是一件件等待处理的事物。无论事情多还是少,对于你的当下来说,你"永远只有一件事情",你的当下也"只应该处理一件事情"。其他的事情,只不过是这个当下之后的事情罢了。当你保持着这样的处事逻辑和次序感时,你就能够永远轻松地工作。

◎别让坏情绪吞噬时间

对于工作而言，坏情绪绝对不是"好东西"。当你不高兴的时候，你会发现，自己一整天都没有工作兴趣。若不及时控制这种情绪，就会在情绪处理上浪费许多时间，降低时间利用率。

李向(化名)是华为的一位研发人员。他回忆起刚进华为 3 个月时的情形："当时，我的工作很不顺利，做事效率低，即使面对极重要的任务，明明很紧张，压力很大，还是不想动。"

李向的部门主管发现了这个问题，他对李向说："要调整这种状态，首先要改变心态。如果解决工作问题时，不是以自己的情绪为中心，被自己的情绪所左右，而是以问题为中心来解决问题，你就能站在专业的职业人角度上，快速解决问题，减少时间损耗。"

那么，如何避免坏情绪对时间的损耗呢？我们从华为内部工作中常见的 3 种坏情绪入手加以说明。

去除"忧虑"

忧虑是比较常见的坏情绪之一。每天都在紧锣密鼓地工作，难免犯一些错误，例如，管理者交代的任务没有如期完成，项目出现管理错误，算错了财务账等，无论处于什么职位都可能出现或大或小的差错。出现问题后，员工的直接反应就是担心失误会给公司造成多大损失，担心管理者的责怪，担心会失去管理者的信任……而类似的担心越想越多，越想越偏激，甚至失眠、烦躁不安。其实，忧虑没有任何用处，它只能让人在工作中越来越被动，积极地化解问题才是最好的方法。

华为的副董事长纪平刚进入公司时，在工作结束前发现自己当天上交的报表存在一处失误。由于纪平仍处于试用期，他很担心自己因为这次工作失误被辞退。不过，他很快平静下来。他说："当时，我想一想这些失误能造成的最坏的结果，然后说服自己去坦然接受，当我从心理上接受之后，我发现我已经轻松了很多。随后，我马上采取了积极的措施，争取最大限度地挽救不良后果。"

事实证明，他的做法是正确的。他非但没有被辞退，还因及时弥补失误，重新获得了管理者的认可。

改变"忌妒"

忌妒是一种常见的坏情绪：看到同事升职、加薪了会"忌妒"，看到管理者对张三青睐有加还会"忌妒"。

其实忌妒不是坏事,关键在于如何把握"忌妒"的度。如果员工看到任何事都毫无忌妒之心,那么也就不会抱有上进心。产生"忌妒"是行为的前提,说明员工意识到了自身的不足。如果能从这种意识中学习到他人的优点,久而久之,自身的不足也会在虚心学习的过程中被逐步改掉,忌妒者摇身一变成为被忌妒者。

远离"自卑"

自卑的形成源自人与人之间的对比和对管理者期望的误读。针对员工的自卑情绪,华为的管理者采取了一些积极的措施:开展交流会,与管理者、负责人随时沟通等,随时将员工心里悄然滋生的自卑消灭。

其实,产生坏情绪不可怕,关键是要避免这些不良情绪的发生,不因坏情绪的侵扰而损耗我们失不再来的时间。

◎警惕心身耗竭综合征

心身耗竭综合征最早由美国的心理分析学家赫伯特·J.弗罗伊登贝格尔提出。当时,弗罗伊登贝格尔注意到:自己曾经无比满意的工作,现在却感到疲倦和失落。后来他又注意到,随着时间的推移,身边的许多医生也变得情绪低落、愤世嫉俗,对病人也越来越冷淡、越来越漠不关心。

心身耗竭综合征不仅会让自己陷入不断恶化的疲惫和漠然的状态中,而且会影响其他人。那么,如何来解决呢?

施泰德说:"如果一个人每天工作 12 小时,每周工作 7 天,仍能找到一种合适的方式为自己减压,他也许就不会出现问题。"

定期"检修"

如果你有一辆车,你就应该每年对它检修一次,并经常检查发动机。心身耗竭综合征患者从不会把他们的"汽车"送去检修。通常在全速行驶几千千米后,因发动机突然失灵而惊慌失措。对我们而言,不应忽略"汽车"的日常维护。

在一个著名的寺院里,住着一位非常有道行的静修道长。

他每天都要在傍晚 6 时去喂他的狗。他的狗名字很奇怪,称为"放下"。每到落日时分,静修道长就为"放下"送饭,嘴里还一边呼唤着:"放下!放下!"

小弟子觉得很奇怪,就问道长:"人家的狗都叫阿黄、来福什么的,您为什么要给狗起这个奇怪的名字?"

静修道长不语,让他们自己去悟。小弟子就观察老道长,终于发现：每天道长喂完狗后，就不再读经学道了，而是自己到院中打打太极拳、看看日落之类的事情，总之是闲暇地享受生活。

小弟子来到老道长面前，说了他观察到的结果。老道长微笑着点点头说："你终于明白了。其实我在叫狗的时候，也是叫自己'放下'，让自己放下许多事情。因为人不可能在一天内做完所有的事情，你只要将一天中最重要的事情做完了，就已经很好了。"

道长的"放下"其实就是在检修自己的"汽车"，避免出大问题。同样，在忙碌的工作中，我们也要适当地放松一下，检查和调整一下自己的机能，然后再上路。

多渠道减压

在世界 500 强企业中，至少有 80％的企业已经为员工建立了系统化的心理帮助计划（EAP）。在华为，员工同样可以通过各种渠道来缓解和释放自己的压力。

- □ 心理辅导。华为建立了专门的心理辅导中心，对员工定期、不定期地进行心理干预，以保障员工的心理健康。
- □ 聚餐。聚餐是华为的一种特有文化。通常主管人员会请自己的下属吃饭，在觥筹交错中，员工的压力、不满得以释放。
- □ 论坛。华为建立了论坛，如百草园、天涯华为等，员工可以在上面抒发自己压抑已久的情绪。
- □ 报纸。鼓励员工用文字记录自己的点滴成长以及团队的故事，借以抒发自己昂扬进取的精神，并给他人以榜样。
- □ 文化基地。华为在深圳建立了百草园基地，员工可以在其中尽情享受自然的气息，清洗自己的心灵。

此外，华为还积极倡导员工间的互相关爱，以缓和竞争带来的心理压力。

在工作中，我们要警惕心身耗竭综合征，尽力端正心态，保持良好的情绪，如此才能让工作变得更有效率。

◎测试：你的压力有多大

你是否每天都处于高度的精神紧张之中？开始变得健忘？烟抽得越来越多？需要寻找发泄的途径？为了更加清晰地了解自己的心理状态，请进行下面的测试（如表 1-3 所示）。

表 1-3　压力测试表

描述的情形经常发生,请选择 2 分;有时发生,请选择 1 分;从不发生,选择 0 分	从不	有时	经常
	0	1	2
工作方面			
全力以赴,追求工作完美			
凡事亲历亲为(不求助他人或不授权)			
与上级、同事或客户发生冲突			
工作环境混乱,需要花很长时间才能找到想要的东西			
自己的工作太多,责任太重			
在工作中感到焦虑、沮丧			
不放过任何空闲的时间			
每周的平均工作时间超过 50 小时			
生活方面			
感到恐惧和担忧			
孩子或伴侣做事慢,会感到不耐烦			
注意力很难集中,心事重重			
感到沮丧,失败感强烈			
习惯在深夜思考问题(尤其是在熄灯以后)			
觉得睡眠不够,无法彻底恢复精神和体力			
夫妻之间的性生活不和谐			
健康方面			
失眠			
缺乏运动			
入睡之前顾虑自己尚未完成的工作			
即使在晚上有足够的睡眠时间,白天也仍然感到疲倦			
有脖子、背疼或头疼的症状			
总分			

压力测试结果说明如下。

(1) 31～40 分,红色警报:你拥有很强的工作能力,但这也让你常常身陷忙乱和巨大的时间压力之中,却未意识到危险。

建议:立刻放慢速度;学会说"不";学会分辨重要和紧急的工作;多进行户外活动。

(2) 21～30 分,黄色警报:你工作时注意力不集中,会出现习惯性的拖延,这也是你的压力来源。

建议:培养雷厉风行的性格,勇担责任;养成有计划地工作的习惯;休息五分钟。

(3) 0～20 分,安全信号:你在绝大多数时间里都懂得如何把握工作和生活节奏,工作十分轻松,但仍需在时间分配上提高管理能力。

建议:养成定时休息的习惯,可以多批(次数多)、少量(时间短)的方式进行。

第二章

先解决思路，再考虑技术

现代管理要求每个人特别是知识工作者都成为管理者。从工作者到管理者的角色转变，要求职场人士学会怎样开展工作，学会"思考"，这将极大地影响时间管理的有效性和准确性。

▌ 第一节　学会正确的思维方式

古语云"三思而后行"，旨在提醒我们要养成做事前多思考的习惯，避免劳而无功。

◎思维的陷阱

在工作中，人们经常陷入思维陷阱，对面临的问题浑然不知，却以为在做着正确的事情。

> 大野耐一还在丰田工厂时，他深入车间视察，发现一名质检员在检查零件时，总是把零件排成一排。于是，大野耐一问他："你为什么不一个一个地检查，每检查完一个就放入箱子里呢？这样效率不是更高，也更轻松吗？"
>
> 质检员回答道："不，这样更快。"大野耐一再次让质检员一个一个地检查，但质检员却答道："什么？这不是把工作当游戏吗？"大野耐一不得不命令他按自己所说的方法做。质检员虽然有怨言，但还是照做了。结果是，采用大野耐一的方法，一天就检查完了 5000 个零件，大大提高了效率。

在质检员的头脑中，一批一批地检查是高效的，而且为了完成当天 5000 个零件的质检工作还会任劳任怨地加班，已经非常努力。但大野耐一彻底颠覆了质检员的做法，他的细小改善让其效率提高了很多。在工作中，我们又何尝不是和这个质检员一样，总认为自己的做法是高效的、正确的，却往往对问题视而不见呢？

> 华为某研究所的员工曾经遭遇这样的困境：该研究所的员工习惯在接受任务后，刚形成一个框架就立即动手，导致在工作过程中常常出现各种问题，例如，到开发阶段，软件还没有购买；该测试了，设备还少几条电缆；各个模块设计编码完毕，却因参数变化无法联上，要返工；因为时间点未明确定义，工作计划无法跟踪；等等。

这些急性子的华为员工在没有厘清思路的情况下，就匆忙介入技术领域，最终不得不将大量时间浪费在后续返工上。该研究所所长感慨道："在做事前一定要先好好想想该怎么做！"

工作中常见的思维陷阱有以下三个。

☐ 经验主义：依据过往经验，判断当下或未来的事情。

☐ 盲从：自己不进行思考，盲目追随别人的观点和行为。

☐ 凭直觉做事：做事凭感觉，认为这样做很高效。

跳出思维的陷阱，要求建立系统的思维框架，用思维框架指导我们的思考和行动。

◎理解思维框架

思维框架是思考问题的一种模式。如果我们能够掌握思维的框架，让思维在理性和感性中切换，让思维遵循客观路径思考，让思考活动变成一种技术过程演练，则可让思维活动聚焦，高效、准确地找准问题核心，建立快速、有效的行动反应系统，进而以经济、节约的方式获得解决方案。

那么，思维可以被框住吗？可以随意切换吗？我们先来看下面的一组图形。

第一组图：今天玩得很开心，但是明天要上班了。"但是"之前心情很高兴，"但是"之后心情很郁闷，仅仅一个词，就从高兴一下切换到了郁闷。

第二组图：今天玩得很开心，并且明天要上班了。"并且"前后的心情没有明显变化，一直保持高兴的状态，没有产生情感切换。

第三组图：今天玩得很开心，虽然明天要上班了。"虽然"一词完成了好心情的强势保留，是一种积极取向的思维框架应用。

从图 2-1 我们可以发现，人的思维通过"但是"、"并且"、"虽然"几个词的发酵，已经悄然发生了转变，变现出三种不同的情感体验状态。这表明了思维框架的存在。不仅如此，思维还是可以自由切换的。

今天玩得很开心	今天玩得很开心	今天玩得很开心
但是	并且	虽然
明天要上班了	明天要上班了	明天要上班了

图 2-1　思维框架图例

下面，我们以语言为切入点，总结出思维换框的步骤，以帮助我们把处于困境的心态、陷入盲点的思维，改为积极进取、客观清晰的行动目标和路径。

步骤一：困境描述。客观描述自己当下面临的状态或处境。

例如，我不能做到合理使用时间。

步骤二：改写。用可能性词语描述困境，以初步转变完全消极的思维。

例如，到现在为止，我尚未能做到合理使用时间。

步骤三：因果转换。用转折性词语描述做不到的原因，以建立积极的思维。

例如，因为过去从未考虑过，所以到现在为止，我尚未能做到合理使用时间。

步骤四：假设描述。就步骤三给出的原因进行正向假设，进一步强化积极的思维。

例如，当我认识到时间管理的重要性后，我便能做到合理使用时间。

步骤五：未来描述。描述对未来的憧憬、目标、方案，以彻底转换思维，由做不到变为做得到。

例如，我将会做到合理地使用时间。

◎工具：六顶思考帽

六顶思考帽(Six Thinking Hats)是英国学者爱德华·德·波诺(Edward de Bono)博士开发的一种思维训练模式，是一套用来全面思考问题的模型。它可以解决以下问题。

- ☐ 会议组织、讨论，并形成统一的决策。
- ☐ 寻求一条向前发展的路，而不是争论谁对谁错。
- ☐ 集思广益地进行创造，使每个人变得富有创造性。
- ☐ 避免将时间浪费在互相争执上。

六顶思考帽的定义如下。

白色思考帽：白色表示中立，代表客观的事实与数据，具有处理信息的功能。

红色思考帽：红色是情感的颜色，代表我们的直觉和预感，具有形成观点的功能。

黑色思考帽：黑色是阴沉的颜色，意味着警示与批判，具有发现事物消极因素的功能。

黄色思考帽：黄色是乐观的象征，代表正面的思想，具有识别事物积极因素的功能。

绿色思考帽：绿色是草地的颜色，代表创造性的想法，具有创造性解决问题的功能。

蓝色思考帽：蓝色是天空的颜色，代表着对思维过程的控制与组织，它管理着其他思考帽的使用。

接下来我们学习六顶思考帽的应用。

使用要点

① 集体性思考。六顶思考帽是集体性思考，不是个人思考。

② 严肃性。这是一种慎重、严肃、用尽心智的思考，而不是随随便便想一

想,也不是在多种可能性中进行随便选择。

③ 重在行动。六顶思考帽重在行动,要求所有的参与人员按规则提出意见,从而规范集体性思维。

④ 角色扮演。采用六顶思考帽时,一定要进行角色扮演,根据角色要求做事,而不能以自我情感或情绪为出发点。

使用技巧

① 当缺少事实和数据时,先要戴白帽。

② 如果大家都有直接经验和阅历,可先戴红帽。

③ 如果是风险性极大的事情,需要戴黑帽。

④ 如果大家对当前商讨的事情持悲观态度,可先戴黄帽调动大家的积极性。

⑤ 如果大家有激情,但缺少创新,可先戴绿帽,集思广益。

⑥ 如果大家效能较低,缺乏组织、控制与疏导,要先戴蓝帽。

搭配方式

在小组思考活动中,六顶思考帽有以下几种搭配方式。

① 黄/黑/红:就某一想法迅速做出评价。

② 白/绿:想出一个主意来。

③ 黑/绿:改进已有想法。

④ 蓝/绿:总结并详细说明其他想法。

⑤ 蓝/黄:分析所进行的思考有无益处。

实施要求

作为一个小组性的活动,在运用六顶帽子思考法时要遵循以下要求。

① 戴同一项帽子。小组所有的人都理解思考问题的方向,也就是说在同一时间非常清楚用哪一种思考方式进行思考。这样,水平思考法就可以在同一个事实、同一个前提下集中所有人的注意力。

② 全体成员的认可。需要让小组所有的人都接受这种思考方式,如果有人认为这种思考方式没什么意义,那么他在这个小组中就会起破坏作用。

③ 行为表现思维。六顶帽子思考法要求必须用行为把思考表示出来,用行为约束思考,避免漫无目的地随意表达。

④ 遵守共同的游戏规则。所有小组成员都要遵守游戏规则,不能自己想怎样就怎样。

应用步骤

六顶思考帽代表的六种思维角色,几乎涵盖了思维的整个过程。六顶思考帽的应用步骤如下。

① 陈述问题事实(白帽)。白帽的思维要求：你不能任意提高一件事实的层次，除非你有能力去证明它；在使用白帽思维时，你的态度必须是中立的；白帽的使用应该成为一种习惯；防止过度使用白帽；每个人都需要说出一个观点让每个人都意识到有责任而不是尽义务提供正确的信息。

② 提出如何解决问题的建议(绿帽)。绿帽的思维要求：产生初试想法；产生进一步的想法或更好的想法；产生新想法(改变思维层次、诱因的操作、去掉基本特征的联想)。

③ 评估建议的优缺点——列举优点(黄帽)。黄帽的思维要求：探求事物的优点；证明为什么某个观点行得通，但必须符合逻辑；当未来不确定的时候，黄帽思维需要通过一些问题建立可行性的基础，比如寻求线索，预测趋势和其他可能性。

④ 评估建议的优缺点——列举缺点(黑帽)。黑帽的思维要求：黑帽思维是一种强势思维；可以用黑色思考帽应付黄色思考帽；黑帽思维应该提出应对方式；对事实和数据提出质疑；指出未来的危险与可能发生的问题；对黄色帽子的制衡。

⑤ 对各项选择方案进行直觉判断(红帽)。红帽的思维要求：正确认识和运用直觉与情绪；不要证明或解释自己的感觉；认可预感，但不是凭预感作决定；避免争辩；30 秒内做出回答，避免过度使用红帽。

⑥ 总结陈述，得出方案(蓝帽)。蓝帽的思维要求：在蓝色思考帽下，我们不再思考讨论的主题，我们考虑的是那些与主题有关的思维；蓝帽经常使用在思维的开始、中间和最后阶段；会议主席一般都有蓝帽思考功能，但也可以是指定另外的人；蓝帽思维有一个重要的工作就是打断争论。

主要环节

六顶思考帽可以单独使用，也可以连续使用。但不论哪种使用方式，都包括以下环节。

① 戴帽。请同事或思考中的小组成员戴上特定颜色的帽子，或者请一个小组在几分钟之内使用某顶思考帽。比如提出："让我们戴上绿帽，想想关于这个问题的新观点吧！"

② 摘帽。可以请一个人或整个小组来摘掉某种特定颜色的帽子。我们根据实际情况判断出正在进行的思维属于哪一类型，并让人们从这种思维中脱离出来。比如提出："我们现在在把黑帽收起来。"

③ 换帽。可以通过建议一位小组成员摘掉一个帽子，戴上另一个帽子来完成思维的瞬间转换，同时也不会冒犯这个人。比如提出："现在请我们摘掉黄帽，戴上白帽，我们需要列出事实。"

最后，用帽子把思维表现出来。这种方式既能达到目的，又不会引起误会和冲突。

◎技术：联想 Q10 系统

思维框架对我们每个人而言都至关重要，它可以帮助我们有效地决策、沟通和行动。曾任麦肯锡战略顾问的胜间和代在其著作中阐述了思维框架的重要作用。

☐ 提高对未来的预测能力。可以比较准确地推测将来可能发生的事情，例如项目执行中可能需要的资源。

☐ 具备风险管理能力。由于可以比较准确地判断，因而可以有时间做准备用来应对风险。

☐ 及时应对突发事件。对偶发事件，例如产品质量波动，可以进行迅速且准确的判断，从而可以快速进行处理。

☐ 自由时间较多。自由时间比较多，可以做更多重要的事情或休息。

☐ 减少无用功。减少工作中的无用功，例如返工，可以提高工作的效率。

目前，常用的思维的框架力包括五种，如图 2-2 所示。

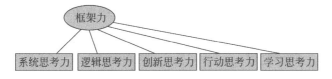

图 2-2 思维的五种框架力

对于个体工作者而言，不论在生活，还是工作中，都应掌握这五种框架力。但需要注意的是，每个框架力的学习必须经过摸索、模仿、复用、表达、记录、优化六个成长阶段。

下面我们以联想的 Q10 系统为例，来阐述这五种思维框架力的应用。Q10 是一套业务思考方法，它同时关注如何提升问题解决的"效率"和"效果"两方面，其本质是一种思考技术。它通过 10 个问题引导人们在业务上进行正确的思考。

联想 Q10 系统的逻辑思考过程

我们首先来了解联想 Q10 系统的展开过程，也就是利用 10 个问题进行思考，以及了解 10 个问题之间的逻辑顺序。联想 Q10 系统的逻辑思考过程如

图 2-3 所示。

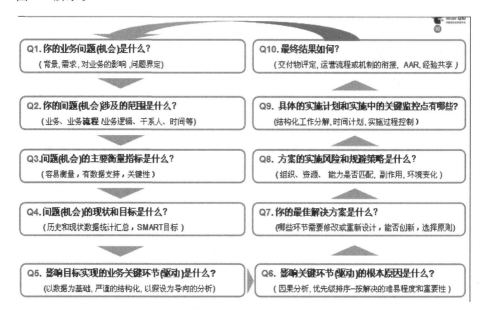

图 2-3　联想 Q10 系统的逻辑思考过程

联想 Q10 系统的 5 种思考力

联想 Q10 系统的思考过程背后有着关键内核的支撑,即五种思考力,系统思考力、逻辑思考力、创新思考力、行动思考力、学习思考力,如图 2-4 所示。

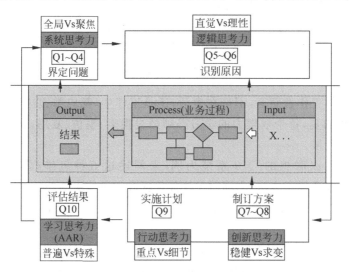

图 2-4　联想 Q10 背后的五种思考力

在此，我们对这五种思考力进行简要说明，以便于进一步学习联想 Q10 系统。

（1）系统思考力（Q1～Q4）

用于界定问题，要求具备系统思考能力。其执行要点是要改变对待不同问题时相互分立的思维习惯，转而关注事件之间的关联性，即要从全局的角度考虑问题。

（2）逻辑思考力（Q5～Q6）

用于识别原因，要求具备逻辑思考能力。即能通过结构化的分析方法找到问题的内在原因或驱动因素间的因果关系，这种逻辑思考能力也包括逻辑推理和归纳的能力。

（3）创新思考能力（Q7～Q8）

用于制订解决方案，要求具备创新思考能力。即是否可以突破思维定式；是否能够想出比过去经验更好的解决方案。

（4）行动思考能力（Q9）

用于制订实施计划，要求具备行动思考能力。主要是指如何将解决方案合理地拆解成可执行的任务，能够明确任务执行的时间计划，任务间的时序关系，以及任务的责任人。

（5）学习思考力（Q10）

用于事后经验总结，要求具备学习思考力。企业中，最有效的职业教育是通过一次次实践活动，将行动、反思与分享整合在一起的学习。

联想 Q10 系统的应用

接下来，我们阐述联想 Q10 系统的应用。

（1）界定问题（Q1～Q4）——构建系统思考力

爱因斯坦说过："如果我有一个小时来拯救世界，我愿意用 59 分钟来界定问题，用 1 分钟来寻找解决方案。"这句话表明了找准问题的重要性，正如人们常说的：找准了问题，就完成了任务的一半。

系统思考力的构建，首先要学会界定问题。联想将界定问题定义为明确期望，即明确现实和期望的差距。联想问题界定说明如图 2-5 所示。

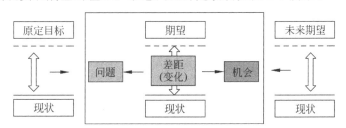

图 2-5 联想问题界定说明

图 2-5 中,很明显地显示了问题来源于现状与期望的差距或变化,同时也指出了这种差距和变化也意味着机会。

联想系统思考力的打造,是通过 Q1~Q4 来完成的,这四个过程是一个由发散到聚焦的过程,即问题的描述过程由"发散性描述"逐步转向"收敛性描述"。具体以一家通信设备商的交付状况为例进行说明,如图 2-6 所示。

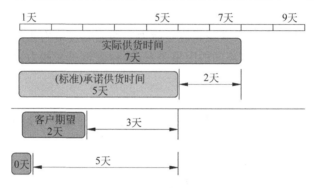

图 2-6 通信设备商的交付状况

通常,问题会以发散性方式提出,通过对模糊性表述进行补充或将其具体化,可使其转变为收敛性问题进行描述。问题描述过程如图 2-7 所示。

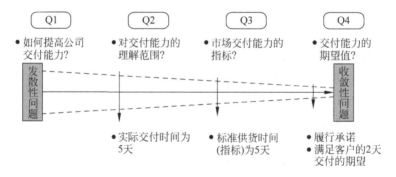

图 2-7 问题描述过程

问题只有转变为收敛性问题才能够刺激思考和寻找原因并得出有针对性的答案。

(2)识别原因(Q5~Q6)——打造逻辑思考力

联想逻辑思考力的打造通过 Q5 和 Q6 两个环节来实现。我们来回顾一下。

Q5 是指影响目标实现的业务关键环节(驱动)是什么,一般以数据为基础,以严谨的结构化和假设为导向进行分析。

Q6 是指影响关键环节(驱动)的根本原因是什么,一般通过因果分析、优先级排序,应按解决的难易程度和重要性进行。

实质上,Q5、Q6是从横向和纵向结构上进行逻辑架构和分析,以梳理出全部的问题和根本原因。

下面,通过银行单据填错作为示例学习逻辑思考力,如图2-8所示。

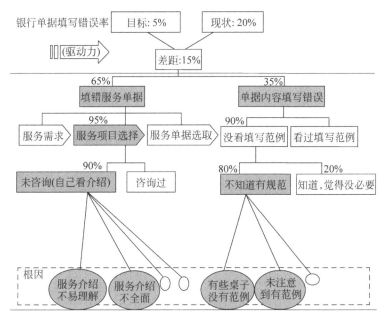

图 2-8　银行单据填写错误分析的逻辑结构

图2-8中展现了银行单据填写错误的表现形式(问题)以及对发生原因的分析。需要关注的是,在分析过程中,需要注意考虑的关键路径,以确保找到发生错误的主要问题,以及造成该问题的根本原因。结构化逻辑分析路径图如图2-9所示。

图中以界定问题为横向路径(Q5),识别原因为纵向路径(Q6),并将 MECE 法、80/20 法和 5WHY 法作为分析原则,从广度上搜寻主要问题,从深度上探究根本原因。

一横一纵,使问题全面展现,而没有遗漏,且能够准确找到问题发生的原因,使改进卓有成效。

Q5 的展开(横向、广度)逻辑对整个问题的逻辑分析具有重要的作用。联想将其分为三种形式,即按顺序、构成和要素展开。Q5 展开的逻辑形式如图 2-10 所示。

根据联想 Q5 的展开逻辑形式,很容易总结出示例中银行单据填写错误率高的关键问题和主要原因。

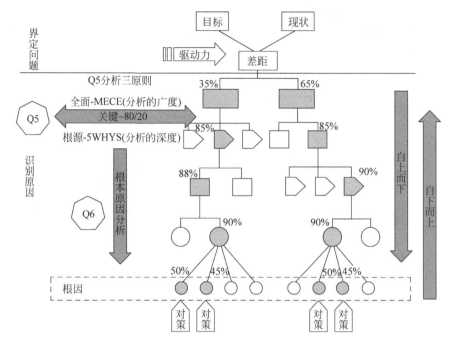

图 2-9　结构化逻辑分析路径图

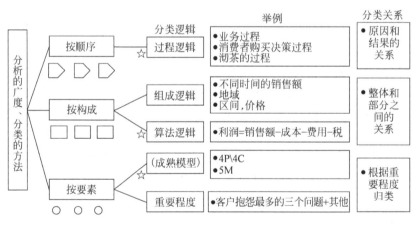

图 2-10　Q5 展开的逻辑形式

注：☆比较重要的展开纬度

　　填错服务单据,占错误单据的 65％,且是由服务介绍方式不易理解和服务介绍内容不全面引起的。

　　单据内容填写错误,占错误单据的 35％,且主要由于客户填写时未注意到填写规范造成的。

至此，一个完整的逻辑思考过程完成了。

（3）制订方案——融入创新思考力（Q7～Q8）

这个过程包括 Q7 和 Q8。Q7，用于寻找和制订最佳解决方案。在这个过程中，需要考虑哪些环节需要修改或重新设计、能否创新等问题，并且需要明确选择解决方案的基本原则。Q8，明确方案的实施风险和规避策略是什么，重点考虑组织、资源、能力是否匹配，以及考虑副作用、环境变化等相关因素。

联想指出制订方案有三个要素，创新性、标本兼治和选择原则，其中创新性是核心。

□ 创新性。突破现有的思维定式，而不是用昨天的方法解决今天的问题。

□ 标本兼治。方案要标本兼治，兼顾短期和长期。

□ 选择原则。制订并明确最佳方案的选择原则。

随后，按 Q8 所展示的那样，在制订方案时需要考虑风险因素，即明确选择此方案将面临的风险以及风险预防措施是什么，如图 2-11 所示。

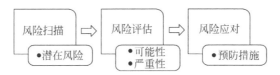

图 2-11　考虑风险因素及预防措施

（4）实施计划——锻造行动思考力（Q9）

Q9，用于分解出具体的实施计划以及明确实施计划中的关键监控点。行动思考力主要解决结构化的工作分解、时间计划以及实施过程控制等问题。实施计划进程与工具说明如图 2-12 所示。

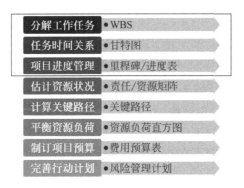

图 2-12　实施计划进程与工具说明

其中,前三项内容将以书面的形式直观地展现出来。项目进度计划如表 2-1 所示。

表 2-1 项目进度计划

程序	活动	责任人	6 月				7 月				8 月				……
			1	2	3	4	1	2	3	4	1	2	3	4	1
1	编制计划		■												
2	定义			■											
3	测量				■										
4	分析					■									
5	设计						■	■							
6	执行							■	■						
7	控制									■	■				
8	最终陈述													■	

为了保证项目的进度和项目质量,还需要明确项目的控制计划,即通过设置控制点/里程碑进行管理。项目控制图如图 2-13 所示。

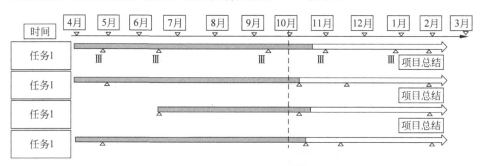

图 2-13 项目控制图

注:△表示控制点/里程碑

本项目控制图,以甘特图为基础,在计划进度上将控制点/里程碑展现出来,便于项目管理者和员工监控。

(5)评估结果——打造学习思考力(Q10)

本过程通过对终结项目的学习(ARR),发现不足和优点,进而在接下来的项目管理中,获得改善。

行动后学习机制(After Action Review,AAR)又称行动后反思或事后回顾,是目前知识管理实践中应用得最为广泛的工具之一。

AAR 实施步骤如图 2-14 所示。

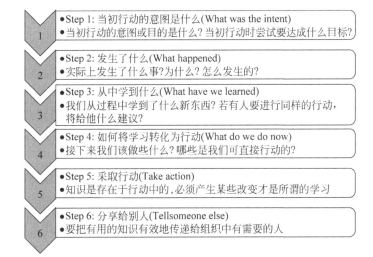

图 2-14　AAR 实施步骤

　　AAR 是一个简单、有效的学习过程，它是一个结合了技术和人的因素的快速报告的方法或工具。

　　它能够让团队从过去的成功和失败中得到经验教训，以便改进未来的做法。此外，它还为团队提供了反思一个项目、活动、事件或任务的机会，以便下次可以做得更好。

▌ 第二节 工作问题的解决思路

我们的工作常常是以项目形式展开的,在实际执行过程中,总是会面临很多问题,诸如进度拖延、协作不力、返工、维护等,这些都严重影响了工作效率。如何才能高效地开展项目呢? 我们的答案是:先解决思路,再考虑技术。

◎谋定而后动

有些人在工作中总是抱怨:项目时间不够用、人手不够用、总是有无法预料的事情出现。总之,就是自己很努力,但效率就是不高。

> 有 3 个人盖房子,天天加班,20 天完成了(加班还是有效果的),却发现房里基本的水电管线都没铺,于是再花 10 天修整,然后又发现气管未铺,再花 10 天去修整,终于交付了。未来的 30 个月内,不断地发现房子有漏水、门窗松动、墙体有缝等各种问题,维护共投入 5 个人工。

这明显属于在没有想清楚工作内容和施工顺序的情况下的低头蛮干,最后只能是问题不断,花费更多的时间和人工去返工和修补。如果厘清项目展开的思路,在盖房子之前就将房屋的结构、各种设施、进度、纠错办法设计好,那么施工就会很顺利了。

孙子兵法云:"谋定而后动,知之而有得。"意思是说,带兵作战必须做到三思而后行,才能"未战而庙算胜"。做事也是一样,首先要找准目标,"先瞄准,再开枪",才能提高打中靶心的成功率,减少无用功。

管理之父彼德·德鲁克曾经说过:"他们忙,忙对了地方吗? 我们先要确定他们忙的是不是正确的事,他们是不是在用正确的方法做错误的事情,一个好的管理者,是不会忙成这样的!"

这告诉我们,做任何事都要做到"先瞄准目标,设计好路径,再依序进行"。只有谋定而后动,才能将工作做对、做好。

> 华为员工不仅努力、肯干,而且非常注意聪明地工作。华为的项目经理一般在项目准备阶段会将工作做得非常细,包括需求确认,项目预测,项目开发,项目培训计划,项目质量监督计划,项目必要资源(人力、软件和设备)供应计划,风险控制计划,项目流程定义等。等到项目展开,需要资源时,资源就在手边。通过这样的统筹铺排,华为的

项目团队一般都能按时完成任务，甚至提前完成。

狼群在攻击猎物之前，要花好几天的时间，观察并监视被他们盯上的猎物。倡导狼性文化的任正非曾这样说道：

> "面对国际化的残酷竞争，我们必须提升对未来客户需求和技术趋势的前瞻力，未雨绸缪，从根本上扭转我们作为行业的后进入者所面临的被动挨打局面；我们必须提升对客户需求理解的准确性，提高打中靶心的成功率，减少无谓的消耗；我们还要加强前端需求的管理，理性承诺，为后端交付争取宝贵的作业时间，减少不必要的急行军；我们要提升在策划、技术、交付等各方面的基础积累，提升面对快速多变的市场的响应速度和响应效率。我们做任何事情都要有好的策划，谋定而后动，要善于总结经验教训并在组织内传播共享。"

华为在倾心尽力、锲而不舍地追逐客户时，没有蛮干、苦干，而是有目的地、有准备地进行，谋定而后动。这样既增加了项目成功的概率，也避免了劳而无功、耗时耗力的现象。

◎工具：关键路径法

根据短板效应原理，项目中耗时最长的一条路径为项目的关键路径，它是完成该项目所需的最短时间。关键路径上的每一项任务都是关键任务，这些任务一旦发生延迟，就会影响项目完成。

关键路径的时间延迟是导致效率不高的一个重要原因。例如：

☐ 部门、人员协作发生错位而产生的等待时间、有效工作时间不一致。

☐ 有的人很忙，有的人无事可做，导致进度不一。

☐ 有的事有人管，有的事无人管，导致管理延迟。

为了保证整体效益，我们要避免关键路径上的时间延迟。接下来介绍如何识别关键路径。

绘制网络图

寻找关键路径首先要绘制网络图。网络图是用来计划或表示项目或流程中的工作顺序，以此来寻求资源与工期的最佳结合，获得最短的生产（工程）周期，确定最佳的管理方法。

① 在一张 A4 纸的上半部分列出工作中所有的必要环节。

② 确定每项工作的正确顺序，并在 A4 纸的下半部分按顺序从左至右排列。

③ 用图形将工作反映出来。

"○"表示前项工作的结束和后项工作的开始,此符号称为事件。

"→"表示工作和工作方向,线的一侧标出工作名称,另一侧标出该工作所需的时间。

"⤍"表示两个并行工作的开始和结束,它们之间并不发生交集,只显示逻辑关系。其用途如图 2-15 所示。

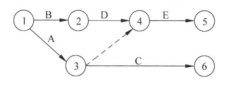

图 2-15　虚箭头用途说明

图 2-15 中的意思是:完成工作 A 和 D 后,才能开始工作 E;工作 C 则是在工作 A 完成后即可开始,无须等待工作 D。为表示这种逻辑关系,在 A 结束和 E 开始之间用虚箭头表示。

确定关键路径

关键路径需要从网络图中寻找和确定,因而本环节的步骤承接前文步骤。确定网络图当中每一条路线的起始点和结束点,找出工期最长的线路,这条线路就是关键路径。

① 确定工作时间。估算网络图中每项工作所需的时间,使用一致的时间度量单位,并标在箭头的一侧。

② 计算最早开工和完工时间。计算每项工作的最早开工时间(ES)和最早完工时间(EF)。从第一项工作开始,其最早开工时间为 0,然后随箭头方向计算,并将该项工作的时间填入网络图时间表中(如表 2-2 所示)。

表 2-2　网络图时间表

最早开工时间(ES)	最早完工时间(EF)
最迟开工时间(LS)	最迟完工时间(LF)

最早开工时间(ES)=此项工作的所有紧前工作的最早完工时间最大值

最早完工时间(EF)=最早开工时间+此项工作的工作时间

③ 计算最迟开工和完工时间。项目进度不变的情况下,依据后续工作所需时间,计算每项工作的最迟开工时间(LS)和最迟完工时间(LF)。计算方式是从项目期限的最迟完工时间逆着计算。

最迟开工时间(LS)＝此项工作的所有紧后工作的最迟完工时间最大值

最迟完工时间(LF)＝最迟完工时间－此项工作的工作时间

④ 计算松弛时间。计算每项工作以及整个项目的松弛时间(不影响整个项目进度时)。松弛时间一般来自工作的总时差，具体是指工作最早可能开工时间可以推迟的时间。

$$总时差(TS)＝LS－ES＝LF－EF$$

这里还需要明确一个术语——单时差，它是指工作最早可能完工时间可推迟的时间(不影响紧后工作最早开工时间)。

$$单时差(FS)＝所有紧后工作的最早可能开工时间－EF$$

关键路径法应用

下面以某产品开发为例，介绍关键路径法的应用。

① 确定产品开发工作明细(如表 2-3 所示)。

表 2-3　某产品开发工作明细表

工作	时间	后续作业
A	2	B
B	4	C
C	3	D、E、F
D	4	G
E	1	结束
F	3	H
G	2	H
H	2	结束

② 绘制网络图。依据表 2-3 中后续作业说明绘制产品开发网络图(如图 2-16 所示)。

计算最早开工时间、最早完工时间、最迟开工时间和最迟完工时间(如图 2-16 所示)。

③ 确定关键路线。通过计算每个工作和整个项目的松弛时间，确定关键路线。通常在网络图中，关键路线是没有松弛时间的。

从图 2-16 中可以看出，产品开发共有以下三条线路。

线路一：①→②→③→④→⑤

线路二：①→②→③→④→⑦→⑧

线路三：①→②→③→④→⑥→⑦→⑧

三条线路中，节点①至节点③后续作业相同且唯一，因而只需判定节点④以后的路线。从图 2-16 中可以看出，线路三没有松弛时间，而其他两条线路存

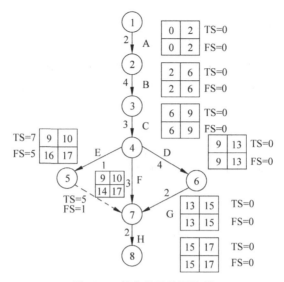

图 2-16　某产品开发网络图

在松弛时间,这意味着线路三中任何一个环节发生延迟都会影响项目的总进度,其他路线则有充足的时间,因此线路三是产品开发的关键路径,同时线路三也是工期最长的路线。

关键路径是项目计划中最长的路线,它决定了项目的总实耗时间。管理者必须把资源集中于此,当关键路径发生延迟时,要向非关键路径要资源,确保关键路径上的工作准时完成。

◎技术:风险防范计划

项目执行过程中必须做好风险防范计划,以避免意外因素干扰项目的正常进行。表2-4是美国斯坦迪什集团(Standish Group)1994年对8400多个项目进行风险管理统计的结果。

表 2-4　美国斯坦迪什集团的项目风险管理统计结果

项目结果	不成功		实现目标	超过目标	
项目总目标	34% 彻底失败	50% 不太成功	16%		
成本管理	17% 严重超支	38% 有所超支	27%	12% 有所节约	6% 大量节约
时间管理	25% 严重拖期	34% 有所拖期	22%	18% 提前完成	
质量管理	29% 未达到委托人要求		51%	20% 超出委托人要求	

从表2-4中不难看出，项目执行总是伴随着较大的风险，且风险出现概率较高，因而必须做好风险管理工作。

首先，面对风险，如果我们能够识别出风险，就等同于已经将问题解决了一半。识别风险的方法及思考原则如表2-5所示。

表 2-5　识别风险的方法及思考原则

识别方法	思考三原则
• 就项目内容进行头脑风暴 • 考虑以往项目中出现的问题 ……	• 不拘泥于眼前事物，用长远的眼光看问题 • 不局限于某一方面，全方位多角度地看问题 • 不拘泥于肢解问题，要看事物的本质

除了明确识别风险的方法以外，还需要对风险进行评估或制订风险应对措施。风险评估需要从两个方面出发，一是风险发生的可能性；二是考虑风险对项目的影响，例如停工还是改进。风险评估说明如图2-17所示。

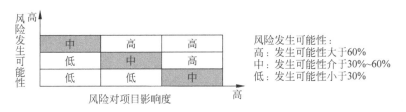

图 2-17　风险评估说明

最后，要制订出风险响应计划，以在风险来临后正确处置，尽可能降低或消除风险带来的损失。风险响应计划的制订可从四个方面考虑。

☐ 规避。改变项目计划，排除风险或项目的一些执行条件，使项目不受影响。

☐ 转移。将风险的后果连同应对的责任转移到第三方。

☐ 减轻。把不利的风险事件概率或后果降到一个可以接受的临界值。

☐ 接受。可以是主动地接受，也可以是被动地接受。

◎技术：沟通计划

项目中有很多工作需要充分沟通才能完成。确立目标，达成共识需要沟通；明确职责，分工协作需要沟通；工作汇报、交流还是离不开沟通。如果沟通存在障碍，往往会造成项目的多次返工，严重时甚至会导致项目失败，给公司酿成不可挽回的损失。

　　　一位教授精心准备在一个重要会议上的演讲。为此，老婆专门为他选购了一套西装。晚饭时,老婆问西装合身不,教授说上身很好,裤腿长了两厘米。

晚上教授早早就睡了,他的老妈却睡不着,琢磨着这么隆重的演讲,西裤长了怎么能行,于是翻身下床,把西装的裤腿剪掉了两厘米,缝好烫平,然后安心入睡。

早上五点半,老婆睡醒了,因为家有大事,所以起得比往常早些,想起老公的西裤,心想时间还来得及,便拿来西裤又剪掉两厘米,缝好烫平,惬意地去做早餐了。

不一会儿,女儿也早早起床,看妈妈的早餐还没做好,就想起爸爸西裤的事情,寻思自己也要为爸爸做点事,便拿来西裤,又剪短两厘米,缝好烫平……

这条裤子还能不能穿?

故事中的主人公们因为沟通不到位,付出三倍劳动得到的结果却是废了一条裤子,还影响了教授的演讲。究其原因,首先,教授没有明确目标和分工——裤子要不要剪短,由谁来剪;其次,家庭成员在行动之前没有向其他成员确认由谁执行剪裤腿的任务。

沟通原则

在项目沟通中,应遵守以下三个原则。

① 及时。必要的信息要在第一时间向利益干系人传达,要保证上下、平行沟通渠道的顺畅。此外,项目沟通应在合适的时间,将适当的信息通过当前的渠道发送给适当的利益干系人,并确保利益干系人理解。

② 准确。信息传达一定要准确,不论是书面的还是口头的。为了保证信息传递的准确性,可以借助金字塔思维来表述(如图 2-18 所示)。

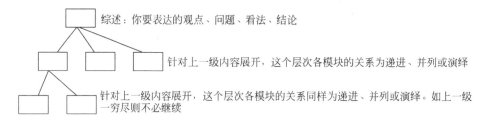

综述:你要表达的观点、问题、看法、结论

针对上一级内容展开,这个层次各模块的关系为递进、并列或演绎

针对上一级内容展开,这个层次各模块的关系同样为递进、并列或演绎。如上一级一穷尽则不必继续

图 2-18　金字塔思维

金字塔思维完全适用于书面写作和口头上的沟通,无论是正式的还是非正式的。

③ 信息量恰到好处。信息量的传递要恰到好处,过多的话倾听者容易忘

记,过少则会降低信息传递效率。信息量的传递应遵守7±2原理。

即年轻人的记忆广度大约为 7 个单位(阿拉伯数字、字母、单词或其他单位),称为组块。

因而我们在沟通和书写中应遵守这个原则,例如向某位下属传达一项任务信息块最好不要超过 7 个;同样成员之间的沟通(限于一个问题)也要保持在 7 个信息块左右。

沟通计划

首先要明确沟通的两个层面,一是针对项目组内部的沟通;二是针对与高层和顾客的沟通。分析这些利益干系人,确定他们的需要和期望是什么,对这些期望进行管理和施加影响,并确定沟通计划。沟通相关方及沟通方式如表 2-6 所示。

表 2-6 沟通相关方及沟通方式

项目组内沟通	与高层、顾客的沟通
明确以下内容: • 沟通需求:职责、授权、协调、状态 • 会议:项目动员会、成员进度汇报、项目进度评估会	明确以下问题: • 与谁沟通? • 为什么要沟通? • 他们需要怎样的信息?频度如何? • 沟通的目标是什么?用什么方式完成沟通?

最后,制订沟通管理计划(管理沟通计划)。说明待分发信息的形式、内容、详细程度和要采用的符号,制订出信息传递的日程表。华为的客户考察沟通计划如表 2-7 所示。

表 2-7 华为的客户考察沟通计划

(基本信息)				
利益相关人	所需信息	频率	方法	责任人
主管	总体进度	每日	电话/电子邮件	
客户	行程安排	每日	电话/面对面	
项目核心员工	关键进度	每两日	项目会议	
项目普通员工	总体进度	每日	会议纪要	

沟通计划应随着项目的进展程度而对沟通计划进行更新和细化,以保证其可行性和准确性。

◎案例:华为的项目管控

华为的项目管理源自 IBM,经过长期实践,创造出了适合自身的项目管理模式,它的出现,极大地提高了华为员工的工作效率。我们在这里进行简单介绍。

项目启动

华为的项目启动包含四方面的内容,即立项申请、组建项目组、制作项目策划/任务书和项目开工会。本阶段结束后,要输出项目组成员表和项目策划/任务书。

① 立项申请。立项申请是准备工作的重要环节,包括可行性研究。通过这个过程提供几个备选项目,以确保项目投入和产出的合理性。

② 组建项目组。在华为,通常都是以项目组的形式展开工作,它的项目组组建颇具特点。

首先,由项目"赞助人"(来自高层、市场反馈)提出立项建议。

其次,构建一个合理的项目组结构,从技术、管理方面挑选成员。需要注意的是,华为的项目组成员来自不同的部门。

最后,输出项目组成员表(如表 2-8 所示)。

表 2-8　项目组成员表

一、项目基本情况							
项目名称	×客户访问		项目编号				
制作人	张×		审核人			李×	
项目经理	张×		制作日期			×年×月×日	
二、项目组成员							
成员	项目角色	所在部门	职责	投入频度	工作量	联系电话	主管
李×	项目赞助人	总经理	项目赞助				
张×	项目经理	公司公关部	项目负责人				
王×	项目核心成员	行政部	客户关系维护				
赵×	项目核心成员	GTS项目组	资料信息支持				
吴×	项目核心成员	供应部	后勤支持				
刘×	项目核心成员	技术售后服务部	技术支持				
项目赞助人签字				项目经理签字			

③ 制作项目策划/任务书。华为的项目策划/任务书包括以下 5 个关键要素。

要素一:描述。描述项目背景与目的,考虑这是一个什么项目;为什么要做;如果做,目标是什么。

要素二:里程碑。即项目执行的关键点,例如风险较大的环节、利润点等。

要素三：项目评价标准。华为非常看重这一点，并以此作为考核的依据。评价标准将说明项目成果在何种情况下被接受、取消或终止，以及项目符合的验收规程。

要素四：假定与约束条件。假定，说明项目的假设条件；约束条件，说明项目启动和实施过程中的限制性条件，即影响项目执行的风险因素。

要素五：项目利益干系人。包括客户、高层管理人员、相关职能部门负责人、项目经理、团队主要成员。

项目策划/任务书如表 2-9 所示。

表 2-9　项目策划/任务书

一、项目描述
1. 项目背景与目的(简要描述项目的商业问题)
背景：××是公司的重要市场，我公司于 2010 年 9 月 15 日中标一个 50 万线固网项目，项目在 2010 年 10 月开始实施，在实施过程中，出现了以下两方面问题(客户正式反馈)。 (1) 交货延迟； (2) 初验测试问题屡次出错，导致客户的质疑 目的：改善客户关系，重建客户的信心
2. 项目目标(包含质量目标，工期目标、费用目标和交付产品特征与特征的主要描述)
在 2010 年 11 月 2 日前邀请客户公司的总经理到我公司考察，以消除客户的怀疑，重拾对我们的研发、交货能力的信心；预计投入 10 万元

二、项目里程碑计划

10月10日 成立项目组	10月12日 发邀请函	10月15日 确认行程	10月21日 启程	10月25日 考察结束	10月30日 回访

三、项目假定与约束条件

假定： (1) 假定客户能行； (2) 假定公司内部接待资源都能落实	约束： (1) 客户考察必须在 10 月底完成； (2) 必须安排客户在离公司车程半个小时以内的酒店； (3) 必须安排至少一位对等级别的高层接待

四、项目主要利益干系人

姓名	类别	部门	职务
李×	项目赞助人	总经理	项目赞助
张×	项目经理	公司公关部	项目负责人
王×	项目核心成员	行政部	客户经理
赵×	项目核心成员	GTS 项目组	×项目参与人
吴×	项目核心成员	供应部	×项目参与人
刘×	项目核心成员	技术售后服务部	×项目参与人

④ 项目开工会。华为的项目开工,一方面是布置任务;另一方面是要让成员在一些领域达成共识,例如项目目标、管理方式、工作方式、任务分配合理性等,以便后期工作的开展。

 来自华为的建议:

> 1. 充分与客户、高层进行沟通,获取需求和支持;
>
> 2. 关注项目组成员的选择,人员务必适合将来的项目;
>
> 3. 勤于思考,尤其是逆向思考,避免乐观分析项目。

◎ **项目计划阶段**

华为的项目计划阶段包括五大内容:工作分解、活动排序、资源分析、进度计划、风险/沟通计划。通过本阶段,最终可获得 WBS、网络图/甘特图、进度计划、风险计划和沟通计划。

① 工作分解。工作分解的最终目的是合理分工、明确责任,并以分工明细表的形式表现出来。在华为,分解工作之前要先定义项目范围的目的,即描述哪些工作应包括在该项目内,哪些工作不在此项目中。分工明细表如表 2-10 所示。

表 2-10 分工明细表

序号	活动	工时	人力	物力	费用	工期	李×	张×	王×	赵×	吴×	刘×
1	发邀请函	0.5	2			3 天		△	○			
2	安排行程	1	2			3		○	△			
3	落实资源	4	6	机票 3 张 客房 3 间 公车 1 辆	5 万	3 天	○	○	△	○	○	○
4	落实考察	4	6			4 天	○	△	△	△	△	△
5	落实返程	1	2			1 天		○	△			
6	后续回访	2	2			5 天		△		△		
说明:△——主要责任;○——辅助												

华为的工作分解方法:有自上而下法和头脑风暴法两种。

华为工作分解的原则是:任务完全穷尽,且彼此独立;符合 SMART 原则(后文将详细阐述)。

② 活动排序。通常华为利用前导图,按照工作的客观规律、项目目标要求、

工作的轻重缓急以及项目自身的内在关系排序。

在建立前导图时，华为利用工作分解（WBS）的穷尽任务排序，初步建立子网，然后合并子网。简单地说就是要分析影响项目进度的关键步骤或环节，并将这些环节固定，作为日后的执行规范。

这些关键步骤或环节有时并联，有时串联（并行），完全按最佳方式组合。例如本节中的关键路径法。

③ 资源分析。资源是项目展开的重要支持，如果资源不足、协调不力，将极大地影响项目的进度。在华为，会将项目资源分为三类。

□ 物力、人力、技术等。在此方面，华为从需要什么资源、何时投入、需要多少、向谁领取入手，都一一进行细化，避免了执行中可能出现的意外。在资源统筹方面华为一般依靠经验丰富的"专家"进行判断。

□ 时间（工期）。时间是华为执行项目最重要的环节，华为曾提出抢先对手一步的策略。华为通常采用团队评估、三点估算法预测工期。三点估算法，工期＝$(a+4b+c)/6$，其中 a 为乐观，b 为悲观，c 为最坏的结果。

□ 成本（费用）。依据项目费用细目进行核算。

④ 进度计划。进度计划中的关键环节——关键路径法在本节之前已有所涉及（考量关键路径的延迟、活动排序、工期安排），故不再重复。

⑤ 风险/沟通计划。华为的风险/沟通计划，详见本节的风险防范计划和沟通计划。项目风险计划如表 2-11 所示。

表 2-11 项目风险计划

风险发生可能性判断标准： 高——发生可能性大于60%； 中——发生可能性介于30%～60%； 低——发生可能性小于30%；					
序号	风险描述	发生可能性	影响	风险等级	风险响应计划	责任人
1	客户无考察意向	低	高	高	拜访客户高层，建立良好关系	李×
2	后勤安排出现意外	高	低	中	挑选优秀的行政接待人员，逐条落实	赵×
3	资源不充分	低	中	中	制订详细的列举资源计划，并有备份计划	张×
4	考察的交流效果不佳	低	高	高	挑选业务精英人员，详细准备交流材料	张×、赵×、吴×
……						

来自华为的建议：

> 1.明确项目范围、识别风险、与利益干系人充分沟通；
>
> 2.详细、认真分解工作；
>
> 3.避免由个人制订计划，让更多的成员参与进来。

项目过程控制

华为的项目过程控制由三大部分构成：沟通、项目监控、变更管理。监控的要点有高风险的工作任务、控制点/里程碑、资源和人员。

对于沟通，严格依据沟通计划进行即可。我们着重介绍后两点。

① 项目监控。华为进行项目监控的方法和工具包括：项目进度表、项目基线、会议管理、现场监督、计划跟踪、员工反馈（甘特图、里程碑趋势图、状态报告、月度总结、周报、日报等）。

② 变更管理。项目执行随时可能会有不可预期的情况，例如领导的新决策、团队冲突、市场变化、法律法规变化以及企业的革新，导致项目发生变更，此时我们就应提前做好方案，以快速应对未知事件的影响，减少时间、资源的浪费。

来自华为的建议：

> 1.发现进度滞后，要依据就近原则，投入更多的人力、时间，运用高效的方法，必要时应缩小项目范围或削减功能；
>
> 2.发生变更时，要先确认哪些可做、哪些不能做，并对变更方案进行评估；期间保持信息共享和良好的沟通。

项目收尾

华为凡事有始有终，不论项目大小都要有收官这个过程。其目的是总结经验教训，巩固成果。这对于后期的项目执行有着极大的意义。此外，项目总结，也是华为教材、信息的重要来源之一。

① 评估与验收。华为的项目评估和验收采用了8个指标。华为评估与验

收说明如表 2-12 所示。

表 2-12　华为评估与验收说明

指　标	说　明	评价
财物	投资回报率、实际费用与计划费用差异	
时间	实际进度与计划进度的一致性	
质量	项目输出的水平；顾客的评价	
人力资源	团队精神、满意度	
环境	环境因素对项目活动的影响程度	
项目计划	计划流程的管理技术使用状况	
项目控制	项目控制是否对任务的改进提供基础	

② 文档整理。华为十分重视关于项目的文件整理，包括各个阶段的文档都整理归档，以实现可追溯性、总结经验教训、养成严谨的工作习惯等。

来自华为的建议：

1. 确定项目验收标准，并严格执行；
2. 注意经验、教训的总结和传承；
3. 认识到文档整理的重要性。

▎第三节　工作资源的管理思路

"智力、想象力及知识等才能只是资源,将资源转化为成果是靠管理者的有效工作。"管理大师德鲁克告诫管理者必须学会对一切资源进行管理,使之产生成果,才是合格的管理者。

◎每个人都是管理者

德鲁克指出:"一位知识工作者如果能够凭借其职位和知识,承担起对组织作出贡献的责任,并且做到实质性地提升了该组织的经营能力以及创造出了成果,那么他就是一位管理者。"当我们成为德鲁克口中的管理者时,我们的工作效率将会有质的突破。

角色意识转变方式有很多种,转换示意图如图 2-19 所示。

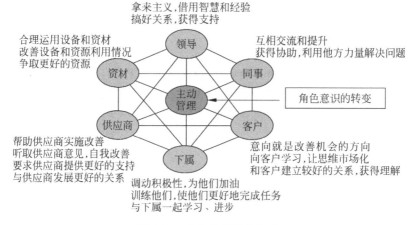

图 2-19　角色意识转变方式

任正非在一次会议上讲过这样一段话:"做工作是一种热爱,是一种献身的驱动,是一种机遇和挑战。认真地做好每一件事,不管是大事还是小事。只有全身心地投入,认真细致,潜心钻研,才会有爱因斯坦、居里夫人……"这段话朴实无华,但寓意深刻,因为它饱含着一种责任感:"每个人都是管理者。"

一家日资企业的经理要求下属写出第二天的详细工作安排,下班前下属将工作安排(6:00 起床,7:00 陪客人喝早茶,9:00 送客人到机场,17:00 写总结报告)上交经理。经理收到他的工作安排后,也写出自己第二天的工作计划:5:45 起床,6:00 确认下属是否起床,7:00 到餐厅看下属是否陪客人喝早茶,9:00到机场看下属是否送客人……晚上检查下属的工作总结。

这名日本经理把管理意识体现到了每时、每事中。公司管理弹性一般都很大,任务分配下去或下属接到任务,在很大程度上要依靠当事人的自觉主动。任务完成得如何、有无改善很多时候都不得而知,如果将管理意识体现在每时每事中,而非被动工作,情况将会大大改善。管理意识除了要体现在每时每事外,还应体现在每个人中。

我们不仅是企业里的一位工作者,更是一位管理者。我们要管理自己,管理他人,以便让我们和团队的工作更出色。

> 美国全食超市公司拥有194家分店,每年创造近60亿美元的市场销售总额,是美国利润最丰厚(按每平方米面积计算)的食品零售商。在全食,每位团队成员都需要做出决策,例如团队成员的去留、品类引进等各项事情。每一位成员就是一位经营者,在工作中仿佛是在经营着自己的小生意。这样的工作理念使得一线员工能够积极地做好对消费者有利的事情,也使他们有充足的动力为公司创造更多的利润。

当下,一些人对于工作总是抱着能省一分力就省一分力的态度,自己的智慧和才能从来没有得到充分的发挥,却总在抱怨不公、才华被埋没。

其实,我们应该用好自己的智慧,调动一切可运用的资源,从困境中脱身,成为工作的主人,获得应有的回报。

◎你需要管理哪些资源

身处职场,不管在企业中充当什么角色,我们的每一项工作都会与他人有交叉的部分。在这种分工与合作中,我们要学会帮助他人,也要学会适时地借助大家的智慧来完成工作,这是有效地管理资源的方法。

> 一位父亲和他7岁的儿子整理后花园,遇到一块深埋土中的大石头。父亲心想,这是一个教育孩子的好机会,于是父亲要孩子自己将巨石移开。
>
> 孩子推了半天石头仍然不动,就在旁边挖了一个洞,找来一根木头插进洞中,用另一块小石头垫在底下,使劲地往上撬,但大石头仍纹丝不动。显而易见,以他的力气是不足以搬动大石头的。
>
> 孩子告诉父亲他搬不动,父亲在一旁看得很清楚,但仍冷冷地说你要尽全力。这一次,孩子用尽了全身的力气,小脸都憋得通红,到后

来几乎整个身体的重量都压在木头上了,石头仍无动静。

孩子大口喘着气,颓然坐下。父亲走到他身边,和蔼地问道:"你能确定你真的用尽全力了吗?"

孩子说当然用尽了。

父亲这时温柔地拉起孩子的小手说:"不,儿子,你还没有用尽全力! 我就在你旁边,可你还没有向我求援……"

在工作中,我们也常常陷入这样的局面,也许我们本身已经足够努力,但总是不能获得较好的工作业绩。这时候,我们是否能够停下来,仔细地看看自己的周围,是否很好地利用了自己所能调动的一切资源呢?

这里,我们要讨论的资源不再局限于物质的工作条件,它还包括一切人力和物力,如表 2-13 所示。

表 2-13 知识工作者的资源管理内容

资源内容	对资源本身的管理
工作者本人	• 积极发挥个人面对问题时的思考能力和动手能力 • 通过学习不断提升自己解决问题的能力 • 通过个人积累的社会人脉解决问题
工作设备和资材	• 合理化运用各种工作设备和资材 • 持续改善工作设备和工作条件的利用情况 • 提升自己的工作价值,以匹配更优质的资源
工作者的领导	• 虚心向领导学习,用领导的智慧和经验解决问题 • 维持与领导的良好关系,获得领导的支持和帮助
工作者的同事	• 保持良好的同事关系,通过分享和交流互相提升 • 保持良好的协作性,通过集体的力量解决问题
工作者的下属	• 调动团队成员的工作积极性,让他们更主动和热情 • 帮助下属提升工作能力,让他们承担更多的责任 • 与下属共同学习、共同成长,成为高效工作团队
工作单位服务的客户	• 真诚、虚心地接受客户的意见,改善自己的工作 • 向客户学习,站在客户的立场工作 • 和客户发展较好的人际关系,成为忠诚的事业伙伴
工作单位的供应商	• 为供应商提供合理化建议,帮助供应商成长 • 聆听供应商的改善意见,帮助自己成长 • 明确供应商的责任要求,以提供更好的资源支持 • 与供应商发展伙伴关系,以获得优先权的高质量服务

表 2-13 大致列举了在工作中比较常见的资源管理内容。我们在工作中,一定要学会管理一切资源,这样才能更高效地推动自己的工作项目。

　　华为某项目经理曾总结自己在推进项目过程中的种种困难，其中资源匹配和人员协调尤为重要。一般来说，从项目需求提出，到项目运作完成，许多项目要花一年半左右时间。其中除了公司的层层审批外，还需要协调来自各个部门的项目成员。

　　在产品开发过程中，如何有效管理来自总部以及各个研究所的成员是华为研发中的一大难题。在协作中，各领域代表沟通不畅；同时，代表们对产品的熟悉程度较低，他们又有很多项目要关注，很忙，完全靠项目经理去协调。而且在项目资源的调配上也常陷入困局，比如研发部门希望加快速度，采购部门则希望控制成本，服务部门希望能安装方便。当各领域有冲突时，如果没有能力协调，就仿佛是带着一群散兵游勇，被时间追着跑。

　　对于担任以模块化开发为背景的项目经理来说，必须练就强有力的资源调配能力，以推动项目的持续进展，否则项目就很难正常运转下去。在华为人看来，这需要具备两个能力：一是特别能吃苦，否则项目做不完，市场需求实现不了；二是特别能推动，否则别人就不搭理你，项目就运作不下去。

◎关注资源，调动资源

　　从公司经营的角度也好，从个人工作方面也好，要让项目顺利推动下去，就必须做好资源统筹，让资源条件充分支持任务目标的实现。

　　许多研发人员愿意到华为工作，除了薪金外，还有一个重要原因，就是华为提供了最优秀的技术支持、合作伙伴、指导老师以及先进的开发设备。在这样一个具备优势资源的开发平台上，他们可以实现自己从梦想到产品的过程。在华为研发中心，不再是几个人，而是一大群人在开发。公司在开发上的投入很大。即使是早期开发 C&C08 产品的时候，华为的资金流并不充分，任正非仍然在产品开发的投入上大把大把地花钱。上百万元的逻辑分析仪、数字示波器、模拟呼叫器等最新的开发设备应有尽有。也正是因为这种聚集所有优势资源在一个产品开发上的持续用力，才会有 C&C08 的成功，也一举奠定了华为后来强势发展的基础。

　　厚积薄发，自 2008 年以来，华为成为专利申请量世界第一的公司，也使得华为成为具备国际影响力的中国公司。

　　工作者在工作中如何获得较好的资源，并让资源与自己的任务目标相匹配，可以从以下几个方面考虑。

理解任务内容,多维度考虑

在前面的华为项目管控案例中,谈过如何考量项目的展开等内容。在项目展开后,每一位参与这项工作的人员将被分配一个模块的作业任务,当接到这个任务时,就有必要对它进行深入的了解。

☐ 工作中,向谁汇报和请示,怎样才能获得通过;

☐ 工作中需要与哪些人员对接,他们的技能水平如何;

☐ 与本项目相关的技术资源有哪些,有哪些渠道可以获得;

☐ 关键物料是如何供应的,个人在工作中如何获取;

☐ 实验设备以及环境资源如何,个人在项目中如何获取。

每一个研发项目所面临的资源需求都不一样,研发人员应在研发项目启动前,依据上述所列内容,做好资源统筹工作。

制订资源管理表,明示相关方

作为项目中的一分子,不能被动等待着上级分配资源,被动地推进自己的工作,这会失去对工作的掌控权。

我们应化被动为主动,制订自己的资源配置表,将资源情况进行规划,并将资源表中需要他人提供协助的部分与对方确认。同时,在工作过程中,要随着自己的工作进度,适时跟踪自己的资源配套情况,在必要的情况下,学会跟催。

多方攻关和确认,让资源到位

只有主动对自己所需要的工作资源进行确认和申请,并对相关方进行攻关,才可能在资源匹配上获得优先权。

> 华为的一名老员工曾指出:很多研发人员忙于自己交付工作,对于别的协作需求往往一推再推。一般情况下,协作的工作内容很多只是名义上要求配合,对提供协作方而言,这些协助性任务对工作绩效并没有益处或影响。

在研发工作中,来自不同部门的人员,因为没有直属的行政关系,一些协调工作在执行中往往拖泥带水,这在其他领域的工作中也能看到。如果不会多方施压、多方攻关,工作往往很难做好。对此,我们要学会管理资源,调节人际关系。同时,在协作中,将心比心,破除自身的部门墙观念,以大局为重,互相支持,以求共赢。

第三章

用明确的目标催生行动力

当我们明确了项目本身的展开思路和资源管理方法后，我们就需要进一步理解我们的工作目标（基于团队目标），并在工作中朝着目标稳步前进。

▌第一节　学会有目的地工作

肯·布兰佳指出:"弄清楚你要去哪里是你到达那里的第一步。"有目的地工作是完成任务和提升工作效率的首要条件。

◎马和驴子的故事

唐太宗贞观年间,有一匹马和一头驴子,它们是好朋友。贞观三年,这匹马被玄奘选中,前往印度取经。

17年后,这匹马驮着佛经回到长安,便到磨房会见它的朋友驴子。老马谈起这次旅途的经历:浩瀚无边的沙漠、高耸入云的山峰、炽热的火山、奇幻的波澜⋯⋯神话般的境界,让驴子听了大为惊异。

驴子感叹道:"你有多么丰富的见闻呀! 那么遥远的路途,我连想都不敢想。"

老马说:"其实,我们跨过的距离大体是相同的,当我向印度前进的时候,你也一刻没有停步。不同的是,我同玄奘大师有一个遥远的目标,始终如一地按照既定的方向前行,所以我们走进了一个广阔的世界。而你被蒙住了眼睛,一直围着磨盘打转,所以永远也走不出狭隘的天地⋯⋯"

马和驴子最大的差别就在于,马因为有目标而见识了广阔的天地,驴被蒙蔽双眼,只能日复一日地围着磨盘打转。

这告诉我们,有无目标,会导致结果的不同。彼得·德鲁克说:"目标并非命运,而是方向⋯⋯"

在华为,销售人员如果知道了你(客户)在哪个小岛上开会后,便会立即过去找到你。只要发现你的踪迹,就能找到你,并向你推销他们的技术,这就是华为销售人员的目标。

在销售中,华为还会依据客户的相关信息进行周密的项目策划。他们给自己定下几个目标:一个项目最低拿下50%的份额;准备好拿下80%的份额;可以挑战拿下100%的份额。然后,项目组开始围绕着100%的目标努力,把项目涉及的所有客户的详细信息、所有竞争对手的策略和优势劣势、自己的优势和劣势都写在黑板上,最后分工。之后,项目组成员分头行动。

华为在倾心尽力、锲而不舍地追逐客户时，没有蛮干、苦干，而是有目的、有准备地进行，依据自身实力确定基本目标和挑战性目标，并按照挑战性目标制订项目方案。这样既保证了成功的概率，也避免了劳而无功、耗时耗力的现象。

我们在工作时，一定要明确目标，有目的地做事。否则，辛苦一天，却发现效率不高，甚至没有任何成效。

◎想一想："是什么，为什么"

我们在工作中是否曾驻足思考：我所做的、客户想要的是什么，正确吗？是我/客户期望的吗？为什么这样做/考虑……

如果没有，请停下手中的工作，用几分钟的时间思考/反省一下，这会让你朝着正确的方向前进，并有助于提高你的工作效率。

> 在一片广阔浩瀚的沙漠中间，有一个绿洲，绿洲上有一个村庄。虽然绿洲上水草丰茂，但村里的人们不愿永远被沙漠围困，于是想要走出去。可是，他们走了一天又一天，却总是回到原地，几代人都没能走出沙漠。因而他们认定：沙漠是走不出去的。
>
> 然而，这一切被一个来到绿洲的探险家改变了。他只花了三天三夜，就走出了沙漠。

探险家的秘密何在？很简单：白天休息，夜晚看着北斗星走。明确了方向，走出沙漠就很简单了。不思考、反思，一味地去做，则会永远陷在沙漠中。

> 李开复在微软做部门负责人时，曾给自己定过这样一个目标：认识更多的人，增加影响力。但他很快考虑到：多认识人或增加影响力的目标是无法衡量和实施的，我需要找一个实际的、可衡量的目标。
>
> 于是，他每周和一位有影响力的人吃饭，在吃饭的过程中，要这个人再介绍一个有影响的人给他。此时，他的目标是每周与一人进餐、餐后再认识一人。李开复并没有满足于此，他认为扩大人际关系网的目的是使工作更成功。因而他思考，要在每周一餐中得到多少信息，有多少部门雇员是在这样的人际网中认识的。
>
> 通过不断地反思，并及时进行新的定位，一年后，李开复的关系网有了显著的扩大。

我们看到，李开复在设定目标后，并没有满足，而是考虑目标的可实现性和可衡量性，以及怎样可以做得更好。最后，他不仅很快实现了目标，而且比预计的效果还要好。

华为公司创立初期,曾一度出现交期延误的问题,企业信誉严重受创。这引起了计划部的高度重视,经过调查发现,部分员工并不清楚在什么时间执行任务,什么时间完成,怎样去操作,完成到什么程度才是合格……因而常常出现工作拖沓或因产品返工而造成时间延误等情况,导致企业计划难以按预期完成。

有了这些教训之后,华为开始倡导员工自我批判,要求员工不论在做事的过程中,还是事毕后,都要反思,以确保执行方向的正确性。

华为李强(化名)在 2009 年 3 月,随着华为全球 TAC 服务中心在新西伯利亚的建立,来到了世界上最寒冷的办事处——西伯利亚办事处。在工作中,李强除了调试和调整设备以外,会把每次设备测试数据和操作细节都记录下来,然后亲自分析各项数据以及操作细节,发掘其中的价值,以提高测试工作的效率和准确度。他还将其中有价值的部分做成案例,放在公司的网站上,供大家分享。

李强在工作中不断总结、思考,以期更好地开展工作,解决问题。华为的这种自我批判精神已深入人心。2008 年的奋斗贡献表彰大会上,任正非发出了振聋发聩的声音:只有自我批判才能使你成为强者。

当我们驻足思考是什么、为什么时,我们也将成为高效能的人。

◎不要让过程取代目标

美国管理学家约翰·卡那提出了"目标置换效应":对于一项工作如何完成的关注,使得一个人的心思渐渐地被如何进行和解决这项工作的方法、技巧等所占据和困扰,反倒忘却了对最终目标的追求。

在工作中,常有员工说"我做过了"而不是"我做好了",就是一种目标被置换的典型表现。

目标置换效应的产生,是由于组织在运行的过程中,员工或追求完美,或墨守成规,再或太看重为了实现目标而采取的手段以及技巧等,而忽视了目标,使行为产生了一种"偏差"和"错位"。

技术不等于价值

很多人在工作中常常迷失在完美的技术之中,我们并不是说完美的技术不好,但如果背离了使用价值,它就成了负担。

PCB 板(印刷电路板)的设计,需要考虑影响 PCB 性能的各种因素,如串扰、反射、屏蔽、散热等,还要兼顾工艺结构的合理性。在一次设计 DRV 板时,CAD 工程师的项目人员认为此板较简单,于是按照美观的原则进行布局布线,同时设计了新的路线,未考虑已有产品的成熟度,结果产出的 PCB 板性能不稳定,经过数次修改才解决了问题。

为了美观设计的 PCB 板,美观但却不实用。我们说技术的应用不要偏离客户的价值需求,要把握住客户需求,充分应用现有的技术和产品进行创新,才能创造更好的价值。

苦劳不等于功劳

埋头苦干的精神值得提倡,也让人敬佩。但在苦干的时候,应抬起头看看四周,审视自己做得是否正确,方法是否得当,是否在做有价值的事,千万不要迷失于过程。

当年华为在设计 CT2(无线通信的一种制式)时,投入了大量的时间和精力。

先成立了项目组,并花费了几个月的时间学习新的 CT2 技术。随着与广州电信局签订了 CT2 公众网络的合作协议,项目组开始了研发工作,但在研发过程中,RF 的射频开发遇到了很大的麻烦,由于对 CT2 技术并没有完全掌握,只能靠研发人员埋头苦干,技术突破迟迟没有进展。

而此时,市场上传来了一个消息,GSM 公众网发展已经取得了突破,而 CT2 技术则先天不足。就这样,花费近两年时间的 CT2 下马了,所有努力付之东流,没有得到任何的市场回报。

之后,华为进行了反思:立项时,没有做调查和评估;在 RF 射频技术上国外已有先进经验,而自己却闭门造车。

可以看出,华为在 CT2 的实现过程中,非常努力,但却是一味地依据主观判断去开发产品。最终,过程很辛苦,结局很悲惨。

保持以结果为导向的心态

凡事应以结果、目标为导向进行工作,并不时地驻足思考,确认是否存在偏差。经过不断的反思,华为逐渐克服了以过程取代目标的工作方法,并让以结果为导向的工作思路体现在每一项工作中。

例如,华为建立的产品线管理制度,旨在贯彻产品经理是对产品负责而不是对研究成果负责的宗旨。

因为不对产品负责任,就不会重视产品商品化过程中若干小的问题,而只重视成果的学术价值,就会使研究成果闲置无用。紧紧抓住产品的商品化,一切评价体系都以商品化为导向,以促使科技队伍成熟化。产品经理要对研发、中试、生产、售后服务、产品行销等负责任，贯彻沿产品生命线的一体化管理方式。

这表明，生产线管理要建立商品意识，从设计开始，就要构建技术、质量、成本和服务的优势，从而使整个产品的实现过程都在创造价值，有明确的指向性。

敢于担当

实际上，项目的运作，是由来自不同部门的人员进行的。作为企业的一员，在授权范围内，我们应该勇于对自己所负责的业务领域承担职责。

> 2008年某地客户反映：我们的机房空间有限，却要安装华为三套网管系统，而要摆的几台计算机都是华为的，为什么不能统一网管。
>
> 当时，传送、接入、城域、IP等产品领域各自为政。
>
> 听取了客户的需求后，产品线决定开发统一网管解决方案。但在开发过程中却出现了问题，传送网管、接入网管等都坚持自己的方案，这样不需要承担其他的风险和责任。
>
> 讨论了十几轮，依然毫无进展。最后，一位主管说道："我们不能只看自己的方案，我们每个人在其中都要承担责任，必须要确保方案符合客户需求。"
>
> 大家开始心平气和地交流，最终解决了上述架构难题。

华为员工没有逃避责任，选择了承担，问题也得到了快速解决。如果犹豫不决，将在等待和犹豫不决中浪费资源，错失机会。

因此，我们要敢于挑起担子。当遇到问题的时候，我们应该问自己："我在等谁的帮助，为什么不自己行动？"

◎技术：任务接收的回应模式

很多人在接受任务时一口答应，却在任务执行中一拖再拖，抱怨："时间紧，任务重"，不可否认存在这种情形，但更重要的是我们在接受任务时缺少目的性，即接受任务时没有详细、合理地评估实现任务的能力，就贸然接受或拒绝。

> 在华为，对开发过程新增的每一项任务，工程师不会一上来就表明：我的计划很紧，进度如果不延后我就做不了；或是没问题、交给我了。而是先把任务接过来，然后分析清楚并且确认自己的理解是正确的，之后才告诉你需要多少时间，为什么需要这么多时间。如果你同意，我将在什么时间给出结果；如果你不能提供必需的时间，就不会接受任务。

这反映了一种任务接受回应模式：必须把事情了解清楚，确认自己的理解正确，不加入个人的臆断，客观地估计自身的能力。计划准确，工作才不忙乱。任务接受回应过程如图 3-1 所示。

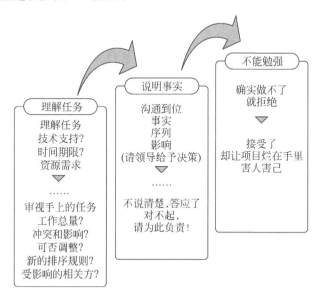

图 3-1　任务接受回应过程

华为总裁任正非说："如果你发觉自己没有足够的时间去做真正重要的事，那么你必须学会减少你的责任，这样你才能有足够的精力和时间。"在此，我们为大家提供了一个华为的任务接受的回应模式。

　□ 结合已有计划，告诉对方需要多少时间（资源）；

　□ 说明为什么需要这么多时间（资源），避免后期执行陷入被动，但计划要有说服力，最好列表说明；

　□ 如果对方同意，告诉他你将在什么时间给出结果；

　□ 如果对方不能提供必需的时间（资源），就不会接受任务。

无论是员工还是管理者，都要学会减掉无法承担的责任，以留出时间来完成工作清单上所列举的重要事项。

▌第二节　目标的 SMART 管理原则

没有目标是时间管理的大忌,明确目标则是时间管理的一大法宝。目标越明确,注意力越集中,行为者就越容易在时间选择上做出更为明智的决策。

制定目标看似一件简单的事情,相信每个人都有过制定目标的经历,但是如果上升到技术层面就有些困难了。我们所知的技术是 SMART 原则。SMART 原则是华为员工管理时间的法宝之一。SMART 原则的内容如图 3-2 所示。

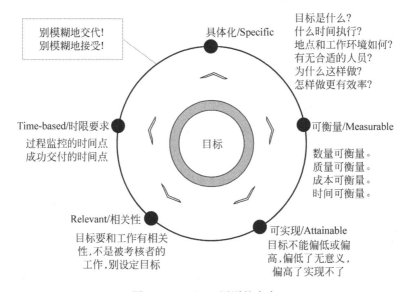

图 3-2　SMART 原则的内容

SMART 原则在华为被普遍运用,员工以此来管理目标,以提升工作效率,解决拖延等问题。

◎具体化——目标要明确

制定目标应保证它们都是具体的。在很多情况下,我们执行力不够的原因是由于目标模棱两可。我们通过两组数据来说明。

数据组一	数据组二
改善产品不良。	产品不良率低于 1.5%。
增强客户意识。	客户投诉率降至 1%。
明天拜访客户。	明天拜访 3 个重要客户,5 个普通客户。

两组数据对目标描述有差别,数据组二反映的目标要比数据组一的更加具体。显然,按第二组的目标执行,效率和目标达成的质量会很高。

此外,目标的具体化,还应体现出它的唯一性,即来源唯一、表述唯一。在华为流传着这样一个段子:

> 一个好厨子若是想自己做出一锅好吃的饺子,自然不是问题。问题是,厨师长告诉他饺子需要体现出厨房的精神,经理告诉他饺子需要体现出酒店的风貌,社区主任告诉他饺子需要体现出社区的特色,市长告诉他饺子需要体现出市里的发展时,最后他做出来的,只能面目全非了。

我们可以看出华为人的幽默和睿智,在对待目标这一问题上,坚持一个项目只有一个明确的目标。

任正非自称:"我没有思考什么远大的理想,我正在思考的不过是未来两年我要做什么,怎么做……"

两三年的目标看起来不甚远大,而一旦考虑清楚了"怎么做",就会使这个目标变得明确化。通过这个明确的目标,华为将投入最佳资源,高效实现目标。

华为在项目执行中会通过 6 个方面来确保目标的具体性问题:一是目标是什么;二是什么时间执行最合理;三是选择什么地点最适宜;四是选择最适宜的人选;五是这样操作的原因;六是怎样做更有效率。

> 华为公司于 2005 年 4 月 5 日,中标 A 国第二大运营商 TELECOM 公司一个 100 万线固网项目(N 项目),该项目在当年 6 月开始实施,但在实施过程中出现了延迟交货、发错货、初验测试问题不断等三个问题。这些问题引起了 TELECOM 公司高层的关注,开始质疑华为软件版本管理和质量控制能力。

华为决定改善客户关系,重建客户对与华为公司合作的信心。为此,华为公司开始对目标进行展开分析,以便能够制订出更好的计划。

目标是什么

在制订计划控制表前,先明确制订控制表的目的、前提条件、操作方法、执行重点、相关联问题及具体工作对象等,并将这些问题及答案写在一张纸上。

> 目的:改善客户关系,重建客户对与我公司合作的信心。
>
> 前提条件:客户成行、内部接待资源都能落实、至少有一位对等级别的高层接待。
>
> 具体工作对象:A 国代表处代表、客户经理、项目接口人。

操作方法：采用 VIP 级别接待规格。

执行重点：讲解熟练、生动。

相关联问题：A 国代表处、总部 VIP 客户接待策划处、总部技术服务部、总部供应链、总部研发、总部客户工程部抽调人员并配合。

什么时间最合理

什么时间最合理要依据自身和周围情况确定，如考虑与原有工作的冲突、包括客户在内的各类资源的匹配度。最终要清晰 3 个要点：

- ☐ 确定具体的起始日期、结束日期；
- ☐ 确定各阶段时间内需要完成哪一部分的工作任务；
- ☐ 确定发生意外时的最后宽限日期和应变措施。

华为会通过风险评估，确定最佳的执行时间。考察活动 7 月底之前成行。

选择什么地点最适宜

选择最合适的场所，可以通过"地利"来节约时间。遵循这一原则，华为对"地利"因素格外重视。我们可以看到由于 TELECOM 是 A 国的第二大运营商，是华为的战略合作伙伴，在总部进行接待最为合适。

谁是最合适的人选

执行目标所关联到的对象(如担当者、责任者、参与者)与目标、效率的达成息息相关。

华为在接待 A 国客户中，明确了考察期间不出现任何内容失误(如没有高层领导接待，样板点不能参观等)，规定后勤失误不超过 1 次(如因车辆、签证等问题)。为了确保接待成功，华为从相关部门挑选经验丰富的人员，逐条落实各项资源。

为什么要这样做

在做出决定前要再次思考这样做的理由、好处。这会让我们更加理性地分析目标是否足够具体。

华为为了"改善客户关系，重建客户对与我公司合作的信心"提出了目标：在 2005 年 7 月 31 日前邀请 TELECOM 公司 CTO 带队到我公司总部考察，打消客户对我公司供货能力的怀疑，增强客户对我公司研发能力、工程管理能力的信心，项目预算 20 万元。

可以看出，华为这个项目目标具体、可行；可以实现客户考察之后消除疑虑，认可供货、研发和工程管理能力，继续支持后续项目实施的目的。

如何做才最有效率

如何操作才能最有效率？如何操作才能更省时省力？如何避免失误造成的时间浪费？这就涉及华为在目标明确过程中始终坚持的时间概念。在上述客户接待项目中，华为张弛有度，将接待工作安排得井井有条。

华为人深知：只有心中对目标有数，才能保证工作的顺利开展，才能保证对时间的整体把握和全程控制。

根据以上 6 个要点，结合公司实际，管理者在确定目标前，必须对大目标进行详细分析，力求做到目标的高度明确化。

◎可衡量——量化要到位

平衡计分卡的创立者罗伯特和诺顿指出："不能衡量，就不能管理。"任何一个目标都应有可衡量的标准，越是可衡量，目标就越明确，越能给我们的行为更多的指导和建议。

在华为，为保证目标易于被衡量，计划部会确定一组经过精确计算、考证的数据，以作为衡量目标是否达成的依据。数据的客观性，能公正地表达出目标执行预期，并为正确评判工作效果提供可衡量的依据。而如果制订的目标难以衡量，就无法判断这个目标是否能够被实现。

例如，"为华为的所有老员工安排进一步的管理培训"，其中的"进一步"是一个既不明确也不容易衡量的概念，到底指什么？是不是只要安排了这个培训，无论谁来做培训，无论培训效果如何都是"进一步"呢？

对此，计划部进行了这样的改进：

> ××××年 5～6 月，对所有在华为公司服务超过 3 年的员工进行关于××主题的培训，并且确保该课程结束后，所有学员的评分均在 85 分以上。

因为有确切的数字，目标变得易于被衡量。

可衡量指标

华为员工在实施目标管理过程中，必定考虑 3 个关键的量化指标——时量、数量和质量。其中，时量是指完成工作的时间量，数量是指完成工作的数量，质量是指完成工作的程度和标准。这 3 个指标既是布置工作的要求，也是衡量工作效果的指标，贯穿于工作完成的全部过程，缺一不可。

> □ 时量指标：不是唯一的时间量化指标，只是为量化工作提供一个参考，而且时间的累加，也不是完成一项工作的时间最终值——这是因为动作或工作单元之间存在着同步性。时间类

标准包括期限、天数、及时性、推出新产品的周期及服务时间等。

☐ 数量指标：不只是完成工作项目的数量，还可以是产量、次数、频率、销售额、利润率及客户保持率等。

☐ 质量指标：可以进一步具体为百分比或次数，如准确性、满意度、通过率、达标率、创新性及投诉率等。

计划部通常根据具体的工作过程，按照基本的流程设定相对独立的工作步骤或动作单元，然后设定时量、数量和质量指标。对于某些可直接量化的目标，一般从数量角度来衡量，如产品生产数量、检查次数等。

以考勤统计为例，工作目标会这样表达："4 小时内完成 20 000 人的考勤统计，形成考勤表，上报行政主管。"这样，一个工作目标完整地包含了 3 个量化指标：时量——"4 小时内"，数量——"20 000 人的考勤统计"，质量——"形成考勤表，上报行政主管"。

这样一来，便在员工的头脑中清晰地形成了 3 个"量"的概念，以确保执行到位。取消任何一个"量"，都可能出现偏差。并且即使是不同的员工，在执行同一项工作时，也能够达到目标要求，保证按时、同量、同质地完成任务。

不过，在确定衡量目标实现程度的量化值前，要经过科学的考证、精确的计算，并保持及时更新。

上文提到的"4 小时内完成 20 000 人的考勤统计、核查，形成考勤表，上报行政主管"。这里的"4 小时、20 000 人"，并非随意给出，而是对考勤所需的时间加以测算后确定的。在这个限定时间内，员工可以完成指定数量员工考勤情况的统计、核查。

并且，在工作进行的不同阶段，目标中数值会被不断更新。例如，对于刚进入生产部的新员工，目标要求往往略低，如"每日工作量 20 件，合格率 90％"；当新员工适应工作后或成为骨干力量后，目标要求则会提高，如"每日工作量 35 件，合格率 100％"。

目标无法量化时要定性

对于无法直接量化的目标也可以从质量、时量的角度考虑，如人员对职能部门服务的满意程度，可以通过人员投诉率、服务及时性来表示；文件起草的好坏可以运用通过率来表示等。

华为在制定目标可衡量标准时，遵循"能量化的量化，不能量化的质化"的原则，也就是使工作可以判定，使目标制订者与考核者都有一个统一、清晰的衡量标准。

孙伟（化名）是华为负责招聘工作的一名员工，由于他的工作难以量化，因而公司采取了质化形式：一是满足公司研发部门新产品研发人力不足的需求，二是完成人力资源管理工作。

第一个目标从公司目标的角度自上而下分解，用以支撑公司战略，主要包括招聘率的对应；人员是否按时到位；新聘员工素质是否符合业务需求；新聘员工是否会在短时间内离职。

第二个目标主要是基于岗位职责，保证部门工作的正常运行，这又细分出很多量化指标来，包括公司人力资源信息的定时上报、人力资源管理成本削减多少等。

这样一来，工作的完成情况一目了然。质化目标的优势正在于此。工作完成后，目标是否达成虽然不如量化目标那样精确，但也有一个可把握的轮廓，一个可判定的尺度。

不论是量化目标还是质化目标，在目标制订时，绝不会采用"基本了解"、"控制"等空泛的描述，因为这样一来，目标是否达成谁也说不清楚，反而会浪费了有效的工作时间。

◎可实现——分解要彻底

目标的"可实现"（actionable）具有两重意义：一是目标应该在能力范围内；二是目标应该有一定的难度。

多年前有人在美国做了这样一项试验：15个人被邀请参加一项套圈的游戏。在地面上钉一根木棒，给每个人10个绳圈套在木棒上，离木棒的距离可以自己选择。站得太近的人轻易地将绳圈套在木棒上，很快就觉得无趣了；而有的人站得太远，一直套不进，于是很快泄气了；只有少数人站的距离恰到好处，他们确定自己一定能够达到目标，而整个过程也极具挑战性。实验者解释说：目标经常达不到的确会让人沮丧，但太容易达到的目标也会让人失去斗志。

因而，目标的设置要使工作内容饱满，也要具有可实现性。也就是说，我们的目标可以是"跳起来摘桃"，但不能是"跳起来摘星星"。这就需要我们能够恰到好处地分解目标。

分解总目标时，华为习惯于采用自上而下的系统处理方法，先从最终目的开始，确定目标实现的途径及需要完成的具体工作，把总目标分解为分目标。这样，目标就会越来越具体。分解目标时，要遵循以下3个原则。

□ 分目标要保持与总目标方向一致，内容上下贯通，保证总目标的实现。

☐ 分目标之间在内容与时间上协调、平衡发展,不影响总目标的实现。

☐ 分目标的表达简明、扼要、明确,有具体的目标值和完成时限要求。

华为认为,要想使目标对于任何员工都是可实现的,应从职能部门或员工的职责着手,分别采取不同的目标分解方法,对目标进行有效分解,最后形成工作分解结构(Work Breakdown Structure,WBS)表。

纵横分解目标

目标分解可以按管理层次的纵向分解,即把目标逐级分解至每一个管理层次,甚至分解到个人;也可以按职能部门的横向分解,即把目标项目分解到有关职能部门。

华为生产部的目标管理中,部门级确定了 6 项目标、37 项目标值,分解至各车间后,形成了 75 项目标、101 项目标值,这就是一种简单的纵向分解。

华为在进行作业目标分解时,往往按时间关系和空间关系同时展开,形成有机的、立体的目标体系。在分解时根据各部门的侧重点,确定目标分配的权重比例。华为产品开发目标到研发部的目标分解如表 3-1 所示。

表 3-1 产品研发部的可实现目标分解

过程	子过程	指 标	目标	统计	频次
产品开发	过程设计与开发策划	开发按时完成率	≥80%	技术科	年/次
		关键路径如期完成率	≥80%	技术科	项/次
	PFMEA 过程	采取措施后 RPN 值符合率	≥90%	技术科	年/次
	产品/过程更改	更改及时率	≥95%	技术科	年/次
	产品与过程确认	样件提交一次成功率	≥80%	技术科	年/次
		PPAP 提交一次成功率	≥80%	技术科	年/次
	项目移交与总结	首批生产非预计不合格项比率	≤20%	生产科	项/次

需要注意的是,将确定好的目标分解到职能部门时,要做到部门目标之间的横向联系,即实现部门间的左右关联、总目标一致并彼此间相互支持与配合。

形成 WBS 表

华为通常是在分解完目标后形成 WBS 表,将员工各自的目标以任务的形式反映出来。其最终目的是为了分工合理、明确责任。华为 WBS 表如表 3-2 所示。

表 3-2　华为 WBS 表

一、项目基本情况									
项目名称					项目编号				
编制					审批				
项目经理					编制日期				
二、工作结构分解（●负责、○辅助、△审批）									
分解代码	任务名称	活动内容	工时估算	人力资源	其他资源	费用估算	工期	张×	王×
1.1	邀请客户	提交邀请函	0.5 天	2		200 元	1	●	○
1.2									
1.3									
1.4									
1.5									
……									

可实现性解读：在 0.5 小时内，张×填制邀请函，王×负责联系快递公司，并在当天向客户发送邀请函，费用预算 200 元。

管理者在目标分解过程中再次检核每位员工的能力，确定是否有员工能够完成这项任务，确定目标实现的最佳人选。同时，管理者要制定细化、配套的处理措施或方案，有效地支撑目标的实现，并保证分解后的目标控制在员工可实现的范围内。

◎相关性——目标要相关

目标的制订应与自己的工作、组织的工作具有一定的相关性，而不是简单的"白日梦"。如果达成了这个目标，但与工作完全不相关，或者相关度很低，那么即使这个目标被达成，其创造的价值也不大。

与结果一致

设定目标，要与预期的结果相一致。例如，对于一位前台人员，如果她的工作目标是学韩语，以便接电话的时候使用，这是一个有效的、相关联的目标，但是，如果为之制订的工作目标是学习全面品质管理，就有些"风马牛不相及"了。

与组织目标一致

个人目标与组织目标一致，则员工与企业的效率才会同时提高；如果个人目标与组织目标的方向背道而驰，那么个人和企业的目标都会延期。

有这样一个故事：在教堂工地中，有人问三位石匠在做什么？第一位石匠说:"我在混口饭吃。"第二位石匠一边敲打石块一边说:"我在做全国最好的石匠活。"第三位石匠眼中带着想象的光辉仰望天空说:"我在建造一所大教堂,我想成为一位优秀的石匠。"

第一位石匠的目标很现实,长久抱持这种态度,恐怕会丧失工作和生活的热情,最终得过且过。

第二位石匠的目标单单从个人角度着眼,这是大多数专业人员的表现。当企业目标调整时,个人极易陷入原有的目标导向之中,从而导致执行过程偏离目标。

第三个石匠将组织目标(建造大教堂)与个人目标(成为优秀的石匠)相结合,既要建造好大教堂又要成为优秀的石匠,这样,在完成组织目标的同时,也实现了个人目标。

工作中,我们的个人目标要与组织的目标相关联,避免出现南辕北辙的现象。

长、短期目标紧密结合

设定长期目标有助于从总体上把握目标方向,避免迷失于过程;设置短期目标,一方面可以比较容易地完成小目标,另一方面可让自己快速见到工作成果,进而有动力和热情继续工作下去。

长期目标规定了企业的发展方向和预期成果,使得时间管理能够从整体上把握,而短期目标的集中完成是实现长期目标的基础,它以分段的形式完成了对整体时间的掌控。当执行者集中精力完成短期目标,同时不断关注长期目标时,就会逐步实现企业的预期目标。

短期目标服从于长期目标

部门、个人的长、短期目标均以整个企业的长、短期目标为依据而确定。企业中任何层次的长、短期目标必须从属于上一级的长、短期目标,并与之协调。这样的目标体系,确保了所有目标的一致性、与企业发展的相关性。

2009年,任正非在销售服务体系奋斗颁奖大会上发表了讲话:"未来的不可知性使我们的前进充满了风险,面对着不确定性,各级主管要抓住主要矛盾,以及矛盾的主要方面,要有清晰的工作方向,以及实现这些目标的合理节奏……不要因短期目标而牺牲长期目标,多一些输出,多为客户创造长期价值。"

为了使自身获得更长远的发展而设立长期目标,而短期目标的实现是实现长期目标的基石。如果为了单纯地实现短期目标而罔顾长期目标的指向,无疑是涸泽而渔的短视之举。

因此,长、短期目标必须紧密结合,使整个目标体系切实可行,不急功近利,才能提高目标实现的可能性,加快目标实现的速度。

◎时间点——有时限要求

任何一个目标的设定都应该考虑时间的限定,例如,"我一定要拿到 A 等考评。"目标应该很明确了,只是不知是在一年内完成,还是下次考核时完成。没有时间限制,对目标轻重缓急的认识程度就有不同,会使目标完成缺少效率。

"小刘,我叫你写的报告写完了吗?"星期一主管问秘书。

"可是上周五你不是说这周用吗,我以为周末之前准备好就可以了?"秘书对于主管措手不及的问题如是回答。

"不是吧,那个报告今天管理者开会就要用的,你怎么还没准备……"主管的怒火已经上来。

由于该主管没有明确指出该任务的截止日期,使得秘书不知道一定要在周一之前完成该任务,不仅工作没有按时执行,还造成了上司与员工的摩擦。

华为员工在目标时限上把握得近乎完美。

华为接受了捷克 T-Mobile 项目——2G 网络的搬迁项目。客户是德国电子公司的子网,该项目共有 4500 多个基站,近 360 000 个载频。客户要求,基站搬迁时设备停机时间不能超过 15 分钟,超时 1 分钟罚 250 欧元。

在严格的条件下,项目组与合作伙伴一起,通过艰苦努力,在项目中创造了一个个奇迹。

第一次割接时值十月,经过长途跋涉,到达了机房。项目组长组织成员分头行事:倒换传输线与馈线、连线、单板加载、测试新网络,每一步操作都估算好所需要的时间,并且有专人仔细记录每个步骤和时间。9 分钟后,第一次割接顺利完成。在客户的中心机房里,客户工程师和项目经理惊叹:"你们真是太快了。"

负责捷克 T-Mobile 项目的项目组目标是 15 分钟内完成一个割接。在执行割接过程中,项目组确定了每个步骤的操作时间,这样成员就必须在规定时间内完成操作,避免了各种状况导致的超时。

我们在工作中确定目标后,也需要设定达到目标的时限。可以根据工作任务的权重、事情的轻重缓急,拟订达到目标项目截止的时间要求,定期检查项目的完成进度,及时掌握项目进展的变化情况,以便确保目标按时完成。

此外,在华为的员工绩效管理中,设有员工个人绩效承诺书,员工们会根据自身能力和其他条件加以综合考虑,为自己限定时间,并做出承诺,以此激励员工在承诺的期限内完成任务。

第三节 目标的执行控制

目标能否最终实现,还需要看执行的过程和结果。这样一来,目标的执行控制就显得尤为重要了。如果缺少执行控制或控制不利,则不仅影响目标进度,还会影响目标质量。

◎越小的目标越容易实现

1952 年 7 月 4 日清晨,美国加利福尼亚海岸以西 21 英里的卡塔林纳岛上,34 岁的费罗伦斯·柯德威克跳入了太平洋,向对面的加利福民亚州海岸游去。如果费罗伦斯·柯德威克成功了,她将是第一个游过这个海峡的妇女。

清晨的雾很大,海水冻得人直发麻。在海水中游了 15 个小时,费罗伦斯已经感到筋疲力尽,在脑海中不断出现放弃的念头,最终她叫人拉她上船。随行的船上,她的母亲和教练告诉她已经离岸边非常近了,鼓励她坚持下去。

费罗伦斯朝加州海岸望了一眼,除了雾什么也没有,她觉得母亲和教练是在鼓励自己坚持下去,而海岸实际上还很远,她放弃了努力——在离加州海岸实际上只有半英里的情况下放弃了。事后费罗伦斯非常后悔地说道:"我不是在为自己找借口,真的,如果当时我看得见陆地,也许我能坚持下来。"

费罗伦斯在胜利在望时放弃了努力,是因为看不到希望,在茫茫大雾中,海岸始终没有显现,在没有尽头的途中,毅力、决心、动力一点点丧失了。

半途效应指出:人们犹如处在半空中,想继续坚持下去,却也有着想要放弃的想法。对一件既定的任务,开始容易,结束难,恰恰是因为一个人难以持之以恒地坚持下去,他们因为丧失热情而缓于行动,以致很多事情总是一拖再拖,迟迟无法到达终点。

回到我们的日常工作中,很多人经常会深陷与费罗伦斯一样的处境。一个项目做了好久,已感觉筋疲力尽,但离目标要求却还很远。如何摆脱这种困境呢?

再次回到费罗伦斯的案例中。费罗伦斯在失败两个月后,再次选择重新横渡。但是这一次,她采取了一种策略:把整个过程分成八个小阶段,并分别设置标志物。每到达一个标志物,她就会清楚:已经完成了多少,还剩下多少。这样,让她减少了看不到目标带来的绝望,同时每游完一个阶段,信心也增加一些。最终顺利地完成了横渡海峡的壮举——不仅是第一个游过海峡的妇女,她比男子的记录还快了约两个小时。

同样的目标,两次横渡的结果却不同。我们从费罗伦斯两次横渡中可以发现:第一次,虽然有目标,但在目标执行中,感觉不到与目标的距离,做了多少,做得怎样……最终失去了动力;第二次,她将整个过程分成八个小阶段,每个小阶段,实现起来相对容易很多,且可以知道当前已完成多少,离目标还有多远。

在执行目标时,费罗伦斯第二次横渡太平洋的方法值得我们学习。

◎设计节点,释放压力

把大目标分解成一个一个小目标(节点),然后分阶段实现它,会容易很多。

> 日本马拉松运动员山田本一曾两次夺得世界冠军。他在每次比赛前,都要把比赛路线仔细地看一遍,并把沿途比较醒目的标志画下来,比如第一标志是银行;第二标志是一棵大树;第三标志是一座楼……这样一直画到终点。比赛开始后,他就一个目标一个目标地冲刺,到达第一个目标后,再冲向第二个目标。40多公里的赛程,被分解成几个小目标后,跑起来轻松多了。

山田本一将40多公里的赛程分解成几个小阶段,不仅使自己的压力减少,同时还会因实现小目标而得到激励,更加有信心完成下一阶段的目标。如何分解大目标呢? 一般有两种形式。

按流程分解

按流程分解,即将一个工作或项目按先后顺序划分为若干步骤,并为每个步骤分配资源,例如时间等。这样做的益处是,将整体目标落实为具体可执行的事件,同时利于资源的统筹和分配,避免了做事不分先后导致的各种冲突和混乱。

我们在按流程分解目标时,只考虑实现目标的关键步骤即可,这些关键步骤也称为里程碑,并创建里程碑计划。里程碑计划是一个目标计划,它是为了达到特定的里程碑,而展开的一系列活动。里程碑计划通过建立里程碑和检验各个里程碑的到达情况,来控制项目进度和保证总目标的实现。

里程碑计划可采用图形方式,也可采用表格形式描述。图形方式里程碑计划要将项目的所有里程碑和关键活动都标注在时间轴上,如图 3-3 所示。

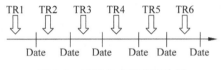

图 3-3　图形方式里程碑计划

采用表格方式的里程碑计划如表 3-3 所示。

表 3-3　项目里程碑计划

阶段	估计结束日期	交付件	验收标准
TR1(需求评审)		市场调研报告 市场需求清单 ……	
TR2(总体方案评审)		产品可行性分析报告/产品业务计划 产品开发计划 ……	
TR3(模块级概要设计评审)		模块级概要设计/总体设计 各模块级测试报告 ……	
TR4(原型机评审)		原型机 原型机测试报告	
TR5(设计定型评审)		中试样机验证报告 制造系统验证报告	
TR6(转产评审)和发布 DR		产品可行性分析报告/产品业务计划 市场发布材料清单 ……	

　　注意在分解目标时要预留空间。如 60 周的工期,分成 5 阶段完成,每阶段的可用时间可定在 10 周,这样总时间为 50 周,保留了 10 周柔性空间。同时,分解后要定义接口(上至什么点,下至什么点,交付到什么程度等)

按功能分解

　　目标除了按流程分解以外,还可以按照功能分解,即将一项工作或项目分解为几个关键领域,每个领域由出色的人员负责,做到术业有专攻。华为的"铁三角"就是按功能切分的典范。

　　2008 年 6 月,华为作为苏丹电信招标的两家供应商之一,参与了竞标。经过两个月奋战,结果是另外一家公司独家中标,这对华为代表处是一个巨大的打击!

　　回顾以往,随着代表处业务急速发展,问题也开始显现出来:随着业务增加,部门墙也越来越厚,面对客户深层次的需求,公司开始变得被动、迟钝!

在本次招标项目上,这些问题开始显现。华为各部门对客户的答复不一致、答复无法实现,客户非常失望,认为华为只会说、不会做!客户线的人员本来在与客户的交流中获取了信息,但却没有传递给产品人员……

代表处、客户线、产品线等部门不断总结、反思,找出了三个关键问题。

(1) 这个项目中,团队沟通不畅,信息不共享;

(2) 客户关系很不到位,执行产品解决方案不符合客户要求;

(3) 交付能力不能使人满意。

代表处认识到,要在苏丹市场重新发展起来,就必须调整自己的组织,使之与客户组织匹配。

2006 年年底,代表处指派张震(化名)、刘冬(化名)、赵阳(化名)三人组成客户系统部的核心管理团队。张震统一负责客户关系,刘冬负责交付,赵阳负责产品与解决方案,面对客户时,实现接口归一化。

经过半年的运作,代表处在一些项目上又逐渐取得了优势。

对客户的领导层面,三人形成"铁三角":张震是客户线,负责把握客户关系,决定何时做何动作,怎样把握关键时机发现机会点;当识别关键机会点后,赵阳负责设计出满足客户需求的解决方案;交付时,刘冬发挥关键作用,向客户宣讲。

可以说,三个人负责了客户方面的三个功能,通过逐项落实这三项功能,成功完成了说服客户的任务。

◎工具:目标管理卡

目标管理卡又称目标责任书,是目标执行者(责任者)依据目标值、实现办法、完成期限、结果评价等内容对目标进行跟踪、管理和考评的卡片,是进行目标管理最重要的工具之一。

在华为,一直采用目标管理卡来提高员工的目标执行能力和绩效。公司每年年初根据上年度实际完成的各项指标(例如客户满意度、销售订货、销售发货)制订新一年或新一轮的工作指标,然后各部门员工根据公司指标分解情况,对自己负责的指标立"军令状"。华为目标管理卡如表 3-4 所示。

表 3-4　个人目标管理卡

姓名：			工号：			
部门：			职位：			
目标期限：						

KPI 指标	权重	KPI 分数	持平 (80%)	达标 (100%)	挑战 (120%)	加权 分数
销售订货	35%	标值	10.56	17.5	20	
货款回收率	25%		×	×	×	
产品制造毛利率	10%		×	×	×	
销售费用率	10%		×	×	×	
用户服务费用率	8%		×	×	×	
市场准入目标完成率	10%		×	×	×	
TPM(分)	2%		2.2	2.7	2.8	
总分：						

华为通过目标管理卡，激励员工自我施压，不断接受挑战，以高效达到目标。目标管理的目标值分为三个级别：持平、达标、挑战，满足了不同层次的员工发展现状。

目标管理卡功能

目标管理卡的应用正是为规范目标而生的。目标管理卡具有 3 种功能。

① 明确目标与责任。目标管理卡囊括了目标责任者在目标管理中的全部活动，既有责任者的目标与责任(包括目标内容、目标值及完成期限)，也有上一级提供的条件。

② 控制时间效率。目标管理卡中列出了实现目标的对策措施和进度安排。为此，目标责任者要做好自我控制，管理者要进行必要的监督，双方向完成时间管控。

③ 客观评价成果。目标管理卡规定了目标项目和目标值、实现目标的要求等，便于目标责任者据以进行目标实施成果的自我评价。

目标管理卡格式

目标管理卡没有固定的格式，可根据不同部门或不同任务的特点自行拟制，以满足目标管理活动的需要。目标管理卡(范本)如表 3-5 所示。

表 3-5　目标管理卡（范本）

责任单位			责任者		签发者			奖罚规定
目标项目	目标值	权数	权限及保障条件	进度（月）				奖罚规定
				2	3	……	12	1	
自我评价			领导评价					

① 目标项目：指目标项目的内容和应达到的目标值。

② 权数：指该项目标在总体目标中所占的比重（百分比）。

③ 权限与条件：指为实现该项目标，领导者授予目标执行者（责任者）的权力和提供的人力、财力、物力等资源条件，以及目标执行者（责任者）对领导者和协作部门提出的要求。

④ 进度：指责任者及领导者都认可的实施目标的计划进度。视目标期的长短，可以年、季、月或周为时间单位安排。

⑤ 自我评价：指目标执行者（责任者）对该项目标实施情况及实现成果的自我评价，以及实施过程中积累的主要经验和教训。

⑥ 领导评价：指领导者根据目标管理卡的要求和执行者（责任者）的自我评价，对目标实施成果的评价和考核意见。

目标管理卡要对工作项目和目标等相关内容加以详细的规定。为了使目标任务和目标的执行产生更明显的视觉对比效果，还可以将表分为"计划"和"实际"两栏，更利于对目标实施进度和状况进行跟踪和及时调整。

◎工具：目标—责任展开图

华为管理者认为：让员工了解工作目标、对策、职权以及遇到问题时的求助者是十分必要的。各岗位员工明确与相关岗位的目标与责任，更便于其与各方取得联系、相互协调；而管理者明确了目标与责任，则易于从总体上把握目标协调的平衡性和控制目标按时完成。

确定具体目标时，要综合考虑员工个人能力、发展潜力及资源条件等因素，将目标任务的表述细化至单位时间与工作细节，甚至包括工作的交接人员与支持人员。

确定目标责任时，要切实考虑岗位职务因素，自上而下地按层次逐级落实，以建立目标—责任展开图。岗位职务高的，目标责任要大些；反之，目标责任要小些。目标—责任展开图如图 3-4 所示。

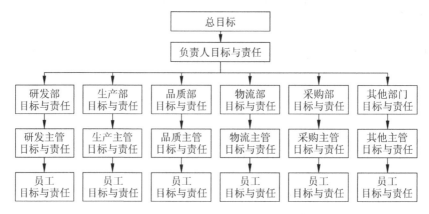

图 3-4　目标—责任展开图

参照这个基本模板,再对各部门目标与责任加以深入拓展,以研发部为例,具体如下。

研发部目标与责任

组织开发新技术(6 个月内)、优化旧技术(6 个月内),安排特定范围内的技术普及(1 个月内),保证当前技术满足发展需要。

研发主管目标与责任

向员工分派具体技术开发项目(开发、优化或普及),组织和调配人力、物力、设备,全程监控工作进度,随时协助研发人员解决工作中出现的疑难问题,每月向总经理汇报研发进度。

员工(A1、A2……)目标与责任

员工具体的目标与责任概述如下:

- □ 开展具体的技术研发工作,(在规定时间内)完成包括收集技术情报、情报分析、开发新技术在内的新项目研发工作;
- □ 分析现有技术存在的缺陷,(在规定时间内)完成对现有技术进行优化的工作;
- □ 反复讨论、验证技术的可行性,(在规定时间内)得出准确、肯定的结论;确认技术可行性后,(在规定时间内)完成某特定范围内的技术普及,做到该范围内人员熟练应用该技术;
- □ 每周向研发主管汇报工作进度,遇到疑难问题,随时向主管申请帮助,避免不必要的时间拖延。

这样的目标—责任展开图,对明确目标与责任和时间管理极其有利。

◎**工具：甘特图**

甘特图是在第一次世界大战期间，由亨利.L.甘特先生发明并创造的，它主要是以图示的方式，通过活动列表以及时间刻度形象生动地表示出特定项目的持续时间与活动顺序（如图3-5所示）。

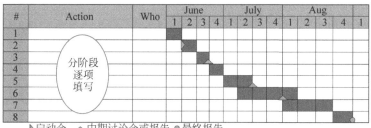

图3-5　甘特图示例

甘特图有下面三个用途：

　　□ 对工作进行统筹和规划，提高完成的效率；

　　□ 关注进程，保证工作能够准时完成；

　　□ 清楚自己的工作清单，对时间进行协调和规划。

甘特图的绘制

绘制甘特图，我们可以依据下面几个步骤进行操作。

① 明确项目参与的各项活动。了解以及统计各个活动的名称（包括活动的顺序）、开始时间以及持续时间等。

② 依据表格创建甘特草图。按照项目的开始时间、持续时间标注在甘特草图上（如图3-6所示）。

工作内容	部门	责任人	工期	进度(日)	1	2	3	4	5	6	7	8	9	10
活动1				计划										
				实际										
活动2				计划										
				实际										
活动3				计划										
				实际										
活动4				计划										
				实际										
活动5				计划										
				实际										

图3-6　甘特草图

③ 确定项目之间的依赖关系以及顺序排列。通过草图上的资料，依据项目类型，将项目联系在一起，同时安排项目进度。

④ 计算出每项工作的工作时间量。确定活动任务的执行人员,通过他们可以适时按需求调整工作时间。

⑤ 最后,计算出全部活动的总时间。

甘特图的应用

例如,一位行政人员现在有三件工作要做,它们分别是:整理书架、打印文件以及搜集资料(如图 3-7 所示)。

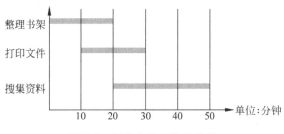

图 3-7　行政人员工作甘特图

在甘特图中,横轴方向表示时间,纵轴方向表示工作种类。图表内以线条、数字、文字代号等来表示计划(实际)所需时间、计划(实际)进程、计划(实际)开始或结束时间等。

使用甘特图对进程进行规划和概述,易于对项目有所掌握和理解。需要注意的是,在工作种类上,如果为中小型项目,一般不应超过 30 项活动,以免由于甘特图过于复杂,不易理解。使用甘特图还要明晰以下两个方面的内容。

☐ 一个项目还剩下哪些工作要做。如前面案例中,20 分钟后,整理书架工作已经完成,打印文件还有一半未完成,搜集资料工作还未进行。

☐ 评估工作是提前、落后还是正常进行。如上面案例中,如果使用 30 分钟刚刚完成整理书架工作,则代表工作已经落后,需要通过提高效率才能在规定时间内完成整个项目。

第四章

分清事务的轻重缓急

在项目型团队中，每个人都需要了解多任务管理模式和工作要领，以使自己能够有秩序地工作，而不是纠缠于无序的杂乱事务中，最终实现工作时间的最优化和对应工作价值的最大化。

▌第一节　学会区分紧急与重要

人们总会抱怨：为什么总是有做不完的工作？为什么很多工作要带回家去做？这其中一个很重要的原因是没有把紧急与重要的事情区分开。

◎工作为什么这么多

德鲁克这样告诫大家："有效的时间管理者坚持把重要的事放在前面做,每次只做好一件事。"按照德鲁克的观点,我们可以不必在意工作量的多少,也不必在意工作项目的多少,只要理清自己的工作思路,按次序做事就可以了。

小汤姆洗澡时不小心吞下一小块肥皂,他的妈妈慌慌张张地打电话向家庭医生求助。

医生说："我现在还有几个病人在,可能半小时后才能赶过去。"

妈妈说："在你来之前,我该做什么。"

医生说："给他喝一杯白开水,再用力跳一跳,然后让他用嘴巴吹泡泡玩就可以了。"

许多人面对这种情况的时候,不是先理清问题,而是先把自己的情绪弄糟,结果手忙脚乱,事情没有解决,还增加了许多新的事端。

事情总是要一件一件做的,就像医生那样,不管形势怎样紧张,还是要沉住气,该怎么处理,就怎么处理,放轻松一些。既然事情已经发生了,坦然、自在地面对反而能把问题解决得更好。

1998年,李梅(化名)从舒适的外企白领的工作岗位上跳槽到华为西南某办事处做了一名行政秘书。从此,李梅开始了在华为马不停蹄的工作节奏。工作内容包括调车、人员管理、主管的日常事务、与客户的联络事务等。李梅俨然成了办事处的大管家,这让优哉惯了的她常常忙得头晕。为此,李梅通过强化对事务的统筹安排,分清事务的轻重缓急,用最"朴素"的工作哲学——把简单的工作做得秩序化、规范化、条理化,极大地提升了她的工作效率。通过持续的努力,她的表现引起了华为总部的重视,仅仅半年,李梅就成为第一个从办事处本地调到总部工作的秘书,担任国际营销部总裁的秘书。在新的工作岗位上,她的上级的工作仍然千头万绪,从商务管理到财务审批,从本地化管理到异地行政采购,从项目分析到最终决策。要协助好领导的工作,李梅坦言,自己必须进一步强化对事务的统筹能力,分清轻重缓急,做到秩序化、规范化地工作,不断提升自己多元化处理事务的能力。

我们经常提出疑问,那些优秀的职业人士所要做的工作也很多、很繁重,但他们为什么就能够在工作中游刃有余、井井有条呢? 原因就在于,他们根据工作的紧急与重要性安排先后顺序,以及在执行上每次只专注于一件事情。

◎懂得放下,才能拥有

不仅仅是普通员工会陷入忙乱的陷阱中,其实很多领导同样如此。

一位企业家对劝他多多休息的医生愤怒地说道:“医生,你知道吗? 我每天都得提着一个沉重的手提包回家,里面装的是满满的文件呀!”

“为什么晚上还要批阅那么多文件呢?”医生很诧异地问道。

“那些都是当天必须处理的急件。”企业家不耐烦地回答。

“难道没有人可以帮你忙吗? 你的助手、副总呢?”

“不行啊! 这些只有我才能正确地批示呀! 而且我还必须尽快处理,要不然公司怎么办?”

“这样吧,我现在给你开个处方,你能否照办?”医生没有理会企业家,显然心里已经有了决定。

“我的建议是让你每个星期抽空到墓地走一趟。”医生接着说道。

“这是什么意思?”企业家很是惊讶。

“我知道你看了处方会很惊讶。”医生不慌不忙地回答,“我希望你到墓地走一走,看看那些与世长辞的人的墓碑,他们中有多少人生前与你一样,甚至事业做得比你更大,他们中也有许多人和你现在一样,什么事都放心不下,如今他们全都长眠于黄土之中。建议你每个星期站在墓碑前好好想想这些摆在你面前的事实,你也许会有所解脱。”

企业家安静了下来,他按照医生的指示,开始放慢生活的节奏,试着慢慢转移一部分权力和职责。一年后,让他意想不到的是,这一年企业的业绩比以往任何一年都好。

一名学者这样调侃道:“老板最好的管理状态就是在他养病的时候。”是的,工作需要管理,生活也需要管理。只有懂得科学管理,只管该管的,只做该做的,淡定而从容,才能走向成功,并享受成功。

我们不妨看看效率专家是如何指引我们的。

美国伯利恒钢铁公司总裁查理斯·舒瓦普曾会见效率专家艾

维·利,舒瓦普说他自己懂得如何管理,但事实上公司并不尽如人意。他说:"你告诉我一个主意,怎样才能更好地利用我的时间,如果成功了,我会给你一笔丰厚的报酬!"

艾维·利说可以在10分钟内给舒瓦普一样东西,这东西能使他的公司的业绩提高至少50%。然后他递给舒瓦普一张空白纸,说:"你把明天必须完成的事情全部写下来,然后按照工作重要性编上号码,明天从1号任务开始做,一直专注于1号任务,直到完成,然后再完成2号任务和3号任务,以此类推。这样,你一天结束的时候肯定会完成最重要的事情。"

几个星期以后,舒瓦普给艾维·利寄去一张2.5万美元的支票,还有一封信。信上强调,那是他一生中最有价值的一课。5年之后,这个当年不为人知的小钢铁厂一跃成为世界上最大的独立钢铁厂。

这是一个真实的故事,它告诉大家一个道理:任何工作都有轻重缓急之分,只有分清哪些是最重要的并将它先做好,才能将工作做到井井有条,卓有成效。

德国诗人歌德曾说过:"重要之事绝不可受芝麻绿豆小事的牵绊。"要集中精力于紧急的要务,就要排除次要事务的牵绊,这样就能朝着目标更近一步了。

◎工具:四象限法则

为了能够更好地管理时间,做到"要事优先",美国著名管理学家史蒂芬·科维提出了四象限法则。该法则是指将工作按照重要和紧急两个维度进行划分,分为"既紧急又重要"、"重要但不紧急"、"紧急但不重要"、"既不紧急又不重要"四个象限(如图4-1所示)。

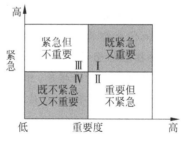

图4-1　四象限模型

整理紧急与重要的事情

利用四象限法则管理时间,先要识别事情的紧急与重要,即判断哪些属于紧急的事情,哪些属于不紧急的事情。为了更加合理和方便地使用四象限法则,我们可用颜色块来表示紧急与重要。四象限颜色标示法如图4-2所示。

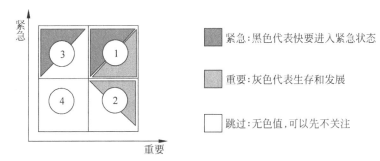

图 4-2　四象限颜色标示法

很多人抱怨,在工作中面对众多的事情,不知道该做哪一个;还有的人,所有事情不分先后,碰到什么做什么。这样做只会乱作一团,没有效率,将自己置于一个混乱无序的工作状态,如图 4-3。这是由于重要的、紧急的、不重要的事情完全混杂在一起的缘故。

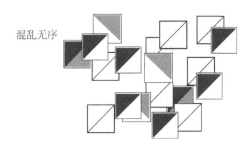

图 4-3　工作任务混乱无序的状态示意图

无头绪地做事,到最后事情只会一团糟。对此,我们要尽力保持积极的心态,分析问题的根源在哪里。

我们要找到工作的重点,先整理和识别重要的、紧急的事情,让自己的工作状态井然有序,如图 4-4。

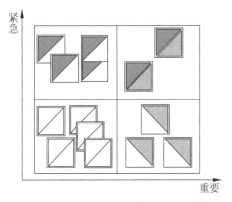

图 4-4　工作任务井然有序的状态示意图

整理和排序能够使我们区分重要和紧急的事情,并指导我们有方法、有步骤地做事。

按紧急与重要度做事

我们应先做既紧急又重要的事;接着做重要但不紧急的事;如果还有时间,做一些紧急但不重要的事;至于既不紧急也不重要的事,能省就省(如图4-5所示)。

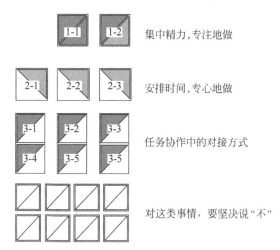

图4-5　工作任务按紧急与重要度排序后的状态示意图

在这里,我们专门设计了适用于项目或任务管理的四象限日程表(见表4-1),以帮助大家更好地管理时间。

表 4-1　四象限日程表

X项目组任务安排				紧急程度:Ⅰ象限、Ⅱ象限、Ⅲ象限、Ⅳ象限																			
				推进日程:□预计,■执行中,…基本完成/待审核,—完成,√细节修改,×失败																			
序号	日程内容	紧急重要	计划管理	推进日程														责任人	审核	报送	完成标准	备注
				1	2	3	4	5	6	7	8	9	10	11	12	13	14					
1	A	Ⅰ	预计	□	□	□	□															
			实程	■	■	■																
2	B	Ⅰ	预计					□	□	□	□											√
			实程					…	…	…	…	…										
3	C	Ⅱ	预计									□	□	□								
			实程																			
4	D		预计																			×
			实程																			
5	E		预计																			
			实程																			

四象限法则看起来相当简单——这也是人们的第一反应。但是，这个简单的法则很不容易做到，特别是碰到复杂任务的时候，很多人就常常犯错误，将紧急的事误认为重要的事。

　　张宁(化名)说："在进华为之前以及在华为工作的初期，我非常关注第一象限事件的工作。那时的我感觉非常糟糕，天天加班，而工作质量却仍然不尽如人意。后来，我转换了关注的方向，发现感觉完全改变了。因为第一象限与第二象限的任务本来就是互通的，第二象限的扩大会使第一象限的事件减少。而且由于处理时间比较充足，最终完成的效果也更好。"

下面，我们对四象限法则的具体应用进行说明，如表 4-2 所示。

表 4-2　四象限应用说明

象　限	紧急、重要说明	注　意
第Ⅰ象限：既紧急又重要	工作中，有些任务需要马上处理，如果延误或者忘记处理，就会造成严重的后果，对于这类任务，我们可以将其划分为第Ⅰ象限的工作任务，比如处理临近交期的重要订单等	第Ⅰ象限的工作任务对员工的经验、判断力是极大的考验。该象限的本质是缺乏有效的工作计划导致本来尚处于第二象限的事情转变而来的，也是员工"忙"的主要原因
第Ⅱ象限：重要但不紧急	任务并不是最紧急的，但荒废第Ⅱ象限将使第Ⅰ象限的范围日益扩大，使员工承担更大的压力，并在危机中疲于应付。反之，在这个象限多投入时间，则能缩小第Ⅰ象限的范围，有利于提高实践能力	第Ⅱ象限的工作任务不会对员工产成催促力量，所以必须发挥做事的主动性，以使第一象限的"急"事逐渐变少，不再有员工抱怨工作任务多的情况出现
第Ⅲ象限：紧急但不重要	第Ⅲ象限的任务表面看似第Ⅰ象限，但实际上它仅仅是紧急但并不重要。由于第Ⅲ象限任务具有迫切性，它会让员工产生"这件事很重要"的错觉，并错将大量的时间耗费在这一象限的任务中，误认为是在完成第Ⅰ象限的工作任务	一定要注意不要把一些紧急的任务当成重要的任务来处理，以免造成重要而又紧急的任务被延后处理
第Ⅳ象限：既不紧急也不重要	第Ⅳ象限的任务不值得花费任何时间，任何操作都只是浪费时间罢了	员工长时间地在Ⅰ、Ⅲ象限奔走，忙得焦头烂额，于是到Ⅳ象限去休息一下，例如上网等，其实这类休息并不能起到休息的效果，反而会造成拖延

在设定优先级别的过程中,区分清楚紧急与重要是至关重要的。要谨记,紧急的任务一般不重要,而重要的任务通常不紧急。

在划分工作重要性与紧急性的过程中,四象限法则是一个被普遍运用的工具。然而需要注意的是,不要将紧急的事误认为重要的事,它们之间的区别在于任务能否有助于完成某个重要目标。如果答案是否定的,便应将之归入第三象限。

华为时间管理培训专家们指出,对第三象限的收缩和对第四象限的舍弃是众所周知的时间管理方式,但是在第一象限与第二象限的处理上,不能只关注于第一象限的事件,这将会使人长期处于高压力的工作状态下,工作越忙越多,且越忙越乱,使人精疲力竭。

▋第二节　事务优先权的保证

"成功的关键并不是为日程表上的事务安排先后次序,而是按照事务的优先权来安排日程表。"被誉为"思想巨匠"和"人类潜能的导师"的史蒂芬·柯维曾经用这样的话来提醒我们。面对已经排满的工作计划的时候,我们不能一味地按照日程表上的先后顺序处理问题,而是需要在保证事物优先权的前提下,合理安排新的工作计划。这也是华为时间管理法的奥妙之一。

◎划分优先与滞后事项

学会区分紧急与重要的事项后,即可清晰地划分出优先事项与滞后事项,以便于对这些事项进行恰当的规划与适宜的处理。

确定优先事项

对于设定优先级别而言,最重要的判别标准是价值。重要的工作任务无论做或不做,都将存在巨大的价值;不重要的工作任务只有微弱的价值或毫无价值,那么这些工作任务做与不做都无关紧要。

我们认为,在工作开始前,必须先弄清什么是最重要的事,什么是最应该耗费巨大精力去重点做的事。若想做到这一点,需要弄清以下五个问题。

(1)我需要做什么?

对于重要的工作任务,必须确定其是否一定要做,或是否一定要由自己去做。对于非做不可,但并非一定要自己亲自完成的工作任务,可以委派他人操作,自己负责监督即可。

(2)什么工作任务最有价值?

将时间和精力集中在最有价值的工作任务上,即比别人做得更出色的工作任务上。在这方面,华为时间管理培训师建议:用帕累托定律来引导自己——用80%的时间完成能带来最高价值的任务,而用20%的时间完成其他任务,这种使用时间的方法极具战略眼光。在开始采用这种方法前,不妨问问自己:哪些工作任务最有价值?如果不能确定,可以问问周围的同事、管理者,因为所有人都知道其他人该做的最重要的工作是什么。

(3)我的关键绩效是什么?

为了能出色地完成工作,必须实现什么目标或达成什么结果?在所有关键绩效区间中,哪一个是最重要的?为了取得关键绩效,就应该将设置为最高优先级的任务,安排在最近时间内完成。

（4）我能胜任的最有价值的工作任务是什么？

如果某项工作只有自己才能胜任，而将之出色完成后将带来巨大价值，那么，这项工作是什么？确定这项工作任务后，立即采取行动直至出色完成，这将给员工的业绩、事业带来巨大价值。

（5）现在，如何使用时间最有价值？

这是时间管理的关键问题。"现在"代表了时间限定，它要求员工在工作前综合考虑现在执行工作的条件、自身现在的执行能力以及现在承担的任务总量等因素，来合理安排现在的时间使用计划，并通过正确的时间管理技能，来确保时间管理的高效性。

弄清上述五个问题后，再为即将面对的工作任务做出优先级判定，之后，员工们便会明确任务主次，以最有效率的工作方法取得更大的成效。

设立滞后事项

设定和研究优先事项的同时，应设立滞后事项。滞后事项是那些稍后处理也不会造成影响的事情。值得注意的是，若将某事设定在优先事项，就意味着该任务要速战速决；而若将某事设定为滞后事项，则意味着该任务现在可以停止执行。

在一次华为时间管理培训中，培训师传授了这样一种方法："在工作开始前，你要问自己——哪些事情必须停止？要中断什么活动？要终止什么行为？要取消什么活动？"了解这些问题的答案后，也就明确了哪些活动应划为滞后事项了。

那么，停止这些应被滞后的工作意义何在呢？

☐ 弄清楚要停止哪些工作才能空出足够的时间，以完成工作中最重要的事情；

☐ 在接受新的任务时，必须确定哪些事情不需立刻完成或需要全部取消；

☐ 若要空出足够的时间去完成其他更重要的任务，必须决定以何种方式拖延、推迟工作清单上的某些任务，或将该工作委派给其他人。

实际上，划分优先和滞后事项，首先要对四象限任务进行归类，当任务众多时，需要建立工作清单，标明先做哪个，后做哪个，避免工作时毫无头绪；其次，对于工作相对简单的岗位，用四象限法则过于复杂，以优先和滞后事项区别会更加容易。

◎给任务贴上 ABCDE 标签

我们经常会在工作中遇到这样的困惑：当把不重要的事情做完以后，发现重要的事情已经没有时间或没有资源去做了,最后导致最应该做的事情反而没有做。有些时候,反而是在次要的事务上付出了巨大的努力,但却不能产生任何显著的成果。

这种情况无论是管理者,还是一般员工都经常遇到。归根结底,造成这种情况的主要原因是没有合理地按四象限法则处理紧急与重要的事情。为了解决类似的问题,一种有效的方法是给任务贴上 ABCDE 标签,以决定问题处理的优先权。

在开始工作前,计划每日的工作内容,并列在清单上,然后根据工作的重要性,将工作分为 A、B、C、D、E 五个等级,根据任务的潜在影响在每项行动后面标上一个字母。ABCDE 标签的等级说明如表 4-3 所示。

表 4-3　ABCDE 标签的等级说明

等级	判 定 标 准	备 注
A	A 等级任务是必须完成的任务,这类任务至关重要。在工作清单上,所有的紧急和重要任务后都要标上 A,这些事情完成与否将产生重大影响	如果同时有多项 A 等级任务,要按任务的重要性标记 A-1、A-2、A-3……其中,A-1 任务具有最高级别,应率先完成
B	B 等级任务是应该完成的任务。原则上,如果还有 A 等级任务未解决,就不应该处理 B 等级任务	B 等级任务可以交给负责答疑或回复信件的同事去完成
C	C 等级任务完成后会有好的结果,但它们不像 A 等级任务或 B 等级任务那么重要,例如阅读文件或接待客户来访等工作	——
D	D 等级任务是指可以委派他人去完成的任务,例如拜访客户这类工作	——
E	对于某些无关紧要的小任务,可以将之标注为 E 等级任务。这部分没有价值或价值较低的任务可以全部取消,因为它们对员工根本没有任何影响	E 等级任务被结束和取消得越多,用以完成价值最高的 A 等级任务的时间就越多

在华为,很多员工都深知给任务贴上 ABCDE 标签的好处,这能帮助他们很快地对不同等级的事情做出反应。

华为某办事处的张楠(化名)作为一名行政人员,每天都有大堆的大小事务要处理,比如整理一天的通信情况、阅读文件、向上级汇报近期的工作情况、拜访客户等,而每当遇到有会议的情况时,更是需要做好会议准备、发放会议文件、会议记录和整理会议文件等一系列工作。

为了便于事务管理,不遗漏重要和紧急的工作,张楠开始采取给任务贴标签的方法,给当天的工作任务贴上 ABCDE 标签(见表 4-4)。

表 4-4　工作任务清单

任务内容	等级	时间安排	效果跟踪	评价
做好会议准备	A-1	8:30~9:29		
会议记录	A-2	9:30~11:29		
整理会议记录	A-3	11:30~12:29		
发放会议文件	A-4	12:30~12:59		
整理一日内通信	B-1	13:00~13:29		
汇报近期工作情况	B-2	13:30~14:29		
接待客户来访	C-1	14:30~15:29		
阅读文件	C-2	15:30~17:15		
拜访客户	D	—		
次日工作计划安排	C-3	17:16~17:30		

张楠通过这种贴标签的方式,按照工作任务的轻重缓急来安排工作顺序,优先处理重要事务,避免了把不重要的事情处理完以后,却没有时间或资源处理重要事务的情况。

工作中,如果我们也能够像张楠一样,将自己每天的任务进行汇总,然后贴上标签,当我们下班的时候,大可不必因为没有完成重要的工作而忧心忡忡。

◎合理分配自己的精力

每个人都有着自己独特的生理和心理周期。我们应深有体会,在同样的一个小时内,有时效率出奇的高,但有时却力不从心,什么事都没做。究其原因,是我们的生物钟在"作怪"。因此,我们应依据自身的生物钟安排好工作内容。

猫头鹰和百灵鸟

猫头鹰在夜间行动,百灵鸟则在白天精力充沛地唱歌。如果让猫头鹰白天活动,那么对它而言将是一个噩梦,一整天都会没精打采。人的精力有如猫头鹰和百灵鸟,某一时间段精力充沛,某一时间段无精打采。不能依据精力分配工作,只能加重生理和心理的双重负担。合理分配精力,则能够让我们有条不紊地完成工作,效率和休息两不误。

华为员工的工作强度众所周知,但他们仍能够高效工作,这是因为他们一直坚持一条原则:该休息的时候休息,该工作的时候工作。

下班后秘书或者最后走的人会将办公室的灯统一关掉,偌大的办公室只剩下从窗户中透过来的月光。

人们陆续地从自己座位下面取出用旧纸箱包好的东西——床垫,把纸箱铺开在地上,然后摊开床垫,躺上去,很快就悄无声息了。

第二天,灯一亮,就是起床的信号,人们陆续坐了起来、伸懒腰。慢慢的,办公室又恢复了忙碌,电话声、敲击键盘声、打印机声混成了一片。

以上是华为某一个项目小组的工作节奏,华为人在忙碌的工作中保持了良好的生物钟,即使非常忙碌也能精力充沛地工作。人不是永不疲倦的机器,大部分人只要完成一半任务就会开始疲惫,不可能在任何时候都充满激情地对待工作。只有那些善于合理安排自己精力的人,才能够轻松、愉快地工作,尽快完成工作任务。

测试生理节奏

你是"猫头鹰"还是"百灵鸟",需要进行一个小小的测试。找一个星期,观察自己的作息安排有何不同,并记录在精力水平测试表(见表4-5)中。

表 4-5　精力水平测试表

时间段	作息内容	精力水平/%					
7:00～8:00		20	40	60	80	100	120
8:00～10:00							
10:00～11:30							
11:30～11:40							
11:40～13:00							
13:00～14:00							
14:00～15:00							
15:00～17:00							
17:00～18:30							
18:30～22:00							
22:00～24:00							

依据测试时间段,填写相应的作息内容,并就作息内容的效率、精力状况做出评估,填入"精力水平"栏。连续记录一周,将每日的结果以曲线图的形式表现出来(见图4-6)。

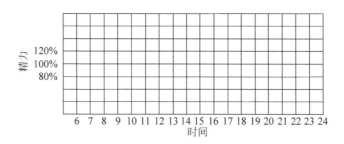

图 4-6   精力曲线图

连续测试可以最大限度地保证测试结果的准确性,依据每日测试结果,找出每个时间段的状态。最后依据测试结果进行修正,找到符合自己生物钟的时间段。若想完全掌握生理节奏,需要很长时间的观察和反复的测试,一旦找到了自己的生理节奏,就应将其用于工作安排,以获得效率上的提升。

把精力留给重要的事

每个人都要学会合理分配精力,使整个团队或个人能够专注于最重要的任务,利用剩下的时间完成那些较不重要的工作,避免大量时间浪费在一些并不重要的工作或琐事上。

台湾全录公司CTO凡达·布鲁克女士在移居美国后,丈夫在一次旅行中由于急病发作去世。那时,她要照顾三个年幼的孩子,公司老总体谅她,决定把她调到较清闲的行政部,却被她拒绝了。

在十年的时间里,这位堪称伟大的女性准确地执行了一套统筹规划的工作管理方法。每天工作一开始,她会先整理自己的工作清单,为工作设定优先级。但她并不会对工作清单上的所有工作都亲自为之,她只会挑选其中重要的工作,剩下就会充分授权给同事和下属做。这不仅为她赢得了人缘,更培养了一个合作互信的团队。

对于兼顾事业与家庭的辛苦,布鲁克女士这样描述道:"由于我的时间和精力永远也不够,我必须用最简单的方式来解决各种琐碎、复杂的事情,所以必须放过小事,把精力集中在大事上。"凭借这样的智慧,她没有被生活的悲剧打倒,反而登上了职业生涯的顶峰。

布鲁克女士合理分配自己的精力,把时间留给重要的事情,没有让琐事缠身,这让她获得了事业上的成功。

正如美国总统尼克松在《领导人》一书中曾说过的一段话:"领导者在安排使用精力上必须记住一个压倒一切的目标:干大事,他只有干大事才能青史留名。如果他过于花工夫想把什么事都干好,就不能把真正重要的事干得非常出色,就不会超群出众。要成为伟大的领导人,必须集中精力处理重大决定。"

▌第三节　计划和统筹时间管理

在工作中,高效能的人和普通人的差距还在于高效的人总是比普通的人具有更强的计划和统筹时间的能力。这也是华为时间管理法的核心之一。

幸运的是,计划和统筹时间管理只是一门技术,而所有的技术都是可以学习的。只要我们通过有效的学习,同样可以成为高效的时间管理者。

◎时间利用,规划先行

"磨刀不误砍柴工。"谨慎的自我时间规划是创造时间的最佳方法。据统计,在制定规划时每多花1分钟,就能够为执行规划节省10分钟。因此,在开始任何有建树的工作任务前,进行良好的自我时间规划,能够尽可能地发挥出自己的最佳水平。

在华为,员工们进行时间规划时,往往会采取五个特定的步骤,以保证规划工作的条理性和各环节的流畅性。

收集任务

检查一下哪些任务未被完成,将不完善的或已经确定的行动方案、正在等待执行的任务统一罗列出来,记录在各种事项的专用纸张或手机上。收集工作的关键在于毫无遗漏地记录所有的工作任务。

在华为,很多管理者都有一个习惯,就是随时记录信息,如交给秘书或下属的即时便条,与客户通电话后的随手记录等。这样一来,就可以用很少的时间获取极有价值的信息了。

整理任务

定期或不定期地整理任务,以任务是否能够付诸行动为依据,对任务加以区分。对于不能付诸行动的任务,进一步分为日后可能需要处理的任务以及不处理也无影响的任务等类型。对能付诸行动的任务,则考虑是否能在最短的时间内完成。如果可以,应立即行动;如果不能,则应对下一步行动进行管理。

在华为,员工们整理任务时会遵循以下三个基本原则。

- ☐ 从最上面的一项开始处理,尽可能迅速地完成所有任务,而且不逃避对任何一项任务的处理。
- ☐ 一次只处理一件事情,迫使自己集中注意力做出判断。
- ☐ 决定开始处理任务时,立刻判定它的实质及处理方法,杜绝二次处理的时间浪费。

管理任务清单

管理任务清单主要分为对参考资料的管理与对下一步行动的管理。其中，对参考资料的管理主要通过文档管理系统进行，而对下一步行动的管理则分为等待清单、未来清单和下一步行动清单。

华为要求员工对下一步清单做出进一步的细化，例如，按照地点（计算机旁、办公室、电话旁、仓库）分别记录任务，这些任务只有在这些地方才可以执行，且到达这些地点后，可以一目了然地知道应该执行哪些任务。

☐ 等待清单主要是记录那些委派他人去做的工作，未来清单则是记录延迟处理且没有具体完成日期的未来计划等。

☐ 下一步清单则是具体的下一步工作任务及要求，而且如果一个项目涉及多步骤的工作，则需要将之细化为更加具体的工作任务。

回顾与检查

华为按周进行任务检查，员工通过每周检查来更新所有清单，并对未来一周的工作进行计划。在这一阶段中，员工们需要明确以下问题。

☐ 需要关注哪部分的工作内容？什么时候开始关注这些工作内容？

☐ 为确保整个系统持续运转，使自己能够从事更高层次的思考和管理活动，需要采取什么行动？多久进行一次回顾与检查？

开始行动

为了在安排系统和行为时取得理想的效果，员工在开始行动前会根据所处的环境、时间长度、精力情况以及重要性等因素，逐项选择清单以及清单上的事项。

☐ 环境。根据环境需要安排所有的活动，在将某项任务列入清单前，先判断其处理步骤（例，处理这件事要不要一台计算机？一部电话？需要马上去购买吗？），以把握整体进程，做出准确的决策。

☐ 时间。了解自己到底拥有多少时间。如果10分钟后必须参加一个会议，那么在这一段时间内只能选择花费10分钟就能处理的任务，这与拥有几个小时所做出的选择大不相同。

☐ 精力。根据身体状况和精神状态安排各项任务活动。当自己感到精神疲惫、体力不支时，可以考虑处理一些脑力消耗较少的任务，如通信资料的录入、文件夹的整理、资料的备份等。

□ 重要性。在所有任务项目的选择中,明确哪一项任务相对最
为重要,然后展开行动。

◎从日计划开始统筹

规划时间要从日计划开始,先让自己找到对时间的感觉。随着我们对日计划的熟悉,才能够根据自己的个性需求找到时间管理的窍门,并逐渐尝试更长远的周计划,甚至月计划。

美国汽车业巨子李·艾柯卡曾经用这样的话来评价时间规划在我们日常工作中的重要性,"正是懂得计划和安排时间的人,才能够为自己节省更多的时间,把时间放在那些真正重要的事情上。"

制订日计划的原则

制订日计划最简单的方法是 ALPEN 法则,该法则的基本内容见图 4-7。

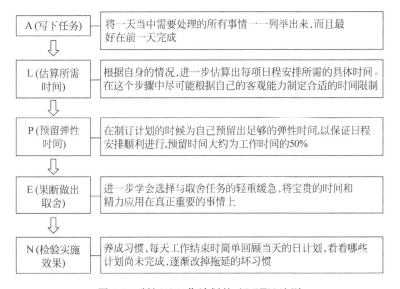

图 4-7　制订日工作计划的 ALPEN 法则

ALPEN 法则能够帮助我们制订合理的日计划。在按照 ALPEN 法则执行完日计划后,我们要分析一下整个计划的执行状况,思考日计划是否欠妥当;工作方式是否科学;有没有把精力集中在重要的事情上;今天有没有比昨天做得好,等等。通过这样的反思,可以不断提高自己制订日计划的能力。

制订日计划的重点

除了 ALPEN 法则以外,我们在制订具体的日计划时,还要关注以下一些内容,以更好地执行日计划。

（1）使用铅笔。制订日计划的时候,推荐大家使用铅笔。因为有些工作内容可能会被取消和合并,使用铅笔可以很方便地进行修改。

（2）新任务要具体。在准备好铅笔后,写下一天中要完成的所有新任务。写任务时要注意,任务描述要具体,也要突出主题,如:

☐ 错误:下午开会。

☐ 正确:下午与测试组员工开会讨论单板测试时间和方法问题。

（3）未完成的任务要体现。制订日计划的时候,不要忘记未完成的任务。如果忽略这些任务,任其积压,最后会变成紧急甚至既紧急又重要的事情。因此,对于那些前一天未完成的任务,要列入第二天的日计划中。

（4）突发事件预留时间。谁也无法知道第二天会发生什么状况,如顾客投诉、返工等。只有做好突发事件的预防,预留一定的弹性时间,才能保证日计划顺利进行。

（5）要有沟通计划。日常工作的执行离不开沟通。为此,我们要依据任务内容,确定沟通计划,明确与谁沟通、什么时间沟通、用什么方式沟通等,都要一一详细说明。

（6）空闲时间要利用。每天都会有一些零散的空闲时间,我们应将可预见的空闲时间纳入日计划,例如外出办事、拜访客户的等待时间。这些时间可以用来思考或浏览一些简单的文件。

（7）休息很重要。日计划中一定要有休息时间,短暂的休息能够让人恢复精力,从而更高效地工作。每一个小时或一个阶段任务完成后,安排一次休息。还有,午休时间一定要保证。

（8）每日回顾。下班前 10 分钟,回顾当日的计划执行情况,并为第二天的计划做准备。

通过上述措施能够帮助我们制订合理的日计划,但任何事情都过犹不及。我们不要企图将一天的每一分每一秒都安排妥当,要学会灵活安排时间、适时调整状态。

◎做好每周工作计划

坚持日工作计划无疑是个好习惯,但这对时间管理而言是远远不够的。日工作计划有一个特点,能够让人集中精力做一件特定的事情,此时,问题就出现了,当我们把注意力集中在眼前的事情上时,难免会陷入追求完美的境地,失去长远的眼光。周计划正好可以帮助我们审视当前所处的环境,指导我们更好地开展日计划。

制订周计划的原则

周计划的制订要求符合两个原则：一是恰当的时机选择；二是系统化的计划。

（1）恰当的时机选择。与日常计划相比，制订周计划的过程需要更多的时间和耐心。周计划与日计划一样，需要提前制订。制订周计划需要几天的时间准备，最后坐下来花 30 分钟详细规划。制订周计划时要注意以下两点。

☐ 准备一个小纸条，随身携带，以便将想到的、遇到的（下周将要做的事）记录下来。

☐ 安排周计划的内容要确保下周能够执行。为此，要安排、协调好执行任务的资源。例如将"召开产品研讨会"列入周计划，那么最好在本周确定会场、参会人员、会议材料等。

（2）系统化的计划。如我们在前面提到的，先解决思路，后解决技术。在制订周计划时，也要遵循系统化的思维，统筹兼顾。

☐ 列举下一周中必须完成的任务和重要的事情，然后把这些具体的事务与个人或团队目标联系起来进行分析，以找到真正重要的事情，并为它们预留出足够的时间。

☐ 将零散但不紧急的任务集中到一起，指定专门的时间进行处理，这样可以提高时间利用效率，避免出现时间不够用的现象。

☐ 专时专用，在固定的时间段，对应唯一的事情。这样就会有足够的时间处理重要的事情了，避免出现多头做事的情况。

做好周计划的方法

在制订周计划时要考虑自己是否有足够的时间完成？是否有精力执行？为此，我们要依据自己的状况以及任务的实际情况确定周计划。

（1）不要急于求成。很多人会把周计划排得满满的，但实际执行中，却发现时间太紧，不得不放弃一些任务。

（2）不浪费空闲时间。由于周计划不会像日计划那样详尽，不可避免地会出现一些时间上的空隙。计划实施过程中一旦遇到这些时间空隙，千万不要浪费在无关紧要的小事上。这里给出两个处理方法。

☐ 充分利用这些时间提前完成其他重要的事，或零散的、突发的事情。

☐ 什么都不做，利用这些空隙休息一下，以恢复精力。

（3）不迷信周计划。同日计划一样,周计划同样需要执行者灵活运用,以实现它的最大价值。预留一块时间,当计划有变时,可以及时做其他事情。任何计划都不是死板的限制,而是需要注入必要的灵活性,周计划也不例外。

（4）注意劳逸结合。周计划必须留一些时间给自己和家庭,这绝不是浪费时间。通过适当的身心放松,可保证自己在接下来的一周里精力充沛。很多人将工作与生活掺杂在一起,这不是一个好现象。

第五章

把时间用于少数重要的事

我们不仅要正确地做事，更要做正确的事。任何时候，"做正确的事"都远比"正确地做事"重要。这不仅仅是一个重要的工作方法，更是一种重要的管理思想和工作准则。

▌第一节 让工作变得有价值

有研究显示,平均每位管理者有 300～400 小时的任务量堆积在家和办公室里,这就意味着他们永远不可能完成所有事情或只能选择超负荷工作来完成任务。如果我们总要求自己完成所有的工作,那么迟早有灯枯油尽的一刻。因此,我们必须找到能够创造价值的工作方法,确保总是在执行价值最大化的工作。

◎价值最大化的工作

在华为时间管理培训课上,培训师曾讲过这样一个故事。

> 培训师在桌上放了一个玻璃罐,然后将一袋石子放进罐子里,他问:"这个罐子装满了吗?"参训员工们异口同声地回答:"满了。""真的吗?"培训师接着向罐子里倒进一袋沙子,再问参训员工:"这个罐子装满了吗?"参训员工犹疑地答道:"可能没满。"最后,培训师拿出一大瓶水,倒进看起来已经被石子、沙子填满的罐子里,然后问参训员工:"我们能从这个实验里悟出什么?"一位参训员工站起来颇为自信地回答说:"无论我们的工作日程安排得多满,总是可以挤出一些时间来做更多的事。"培训师点了点头,微笑着说道:"答得不错,但我想说的是,如果你不先将大石子放进罐子里,以后也许就没机会放进去了。"

这位培训师告诉员工们:"一个人要想敏捷而有效率地工作,必须善于安排工作的次序,分配工作要点。"

故事中的那位参训员工显然陷入了思维的陷阱——挤出时间做更多的事情,他认为这能提高效率。

其实,关键的问题不在于工作日程安排得是否足够满,而在于这些工作是否重要,是否能够创造出更大的价值。

与其"挤"出时间来做更多的事情,不如事先计划和统筹好时间,让自己从容不迫地完成工作。做更多的事情,有时反而是低效的表现。任正非说:"技术只有卖出去才能赚钱。"这也意味着,只有做正确的事情,才能创造价值。

> 1939 年,刚刚大学毕业的穆尔在哥利登油漆公司找到一份业务员的工作。当时他的月薪是 160 美元,但满怀雄心壮志的他却拟定了月薪 1000 美元的目标。当穆尔对工作得心应手后,他拿出客户资料以

及销售图表，以确认大部分的业绩来自哪些客户。他发现，80％的业绩都来自于20％的客户。同时他还发现，不管客户的购买量大小，他花在每个客户身上的时间都是一样的。于是，穆尔决定将其中购买量最小的36个客户名单退回公司，然后全力服务其余20％的客户。

结果，他在参加工作后的第一年就实现了月薪1000美元的目标，而后成为美国西海岸数一数二的油漆制造商，最后还当上了凯利穆尔油漆公司的董事长。

从本节的第一个故事我们可以得出结论：抓住机会做重要的事情；从第二个故事中可以得出结论：重要的事情可以创造更多的价值，把时间集中于此，便可获得更多的价值。

综上所述，把时间用于少数重要的事情，可以让工作变得更有价值。

◎适当放慢脚步

当你明确了如何工作的时候，不要急于求成。工作中，适当地放慢脚步，有时候会让你的工作变得更有价值。

法国诗人圣波尔·鲁思在什么事情都不做的时候就会在门上挂上一块牌子，上面写着"诗人在工作"。他知道，只有把日常的忙碌抛在脑后，才能让接下来的工作更具创造力。也正是这个道理，伟大的科学家爱因斯坦每天都会享受12小时的睡眠，因为他知道"在静止中隐藏着力"。

这么多的天才诗人、科学家都是出奇的"懒人"，但正是他们在忙碌的工作和紧张的压力下学会适当地放慢脚步，才不至于让工作变得"无产出"和"乏味"。

在华为，一些经验丰富的员工在处理问题的时候，如果不能立即找到解决办法，通常都不会花费大把时间继续苦思冥想，而是将这个问题暂时搁置一边，先去处理其他的工作，稍微放松一下。而在处理工作的过程中，他们在潜意识中并未停下思考，而仍然在考虑刚才的问题，默默地寻找可行的解决方案。

如果在工作中遇到问题，我们可以像华为的员工一样，大可不必为暂时放下未完成的任务而苦恼和内疚。与其心情烦闷地苦思冥想，还不如适当放慢工作的节奏，等到心情平静后再行动。

今天的我们，一边吃着快餐，一边回复堆积已久的邮件，一边留意着手中的报表；喝的是速溶咖啡，坐的是高速列车……我们总是害怕耽搁"重要工作"，害怕跟不上时代的步伐。这一切看起来让自己的节奏很快，但实际上自己的精力却被严重消耗，效率始终无法进一步突破。

面对过多的工作、过快的速度和过大的压力，过度劳累的现代人应该学会适当放慢脚步，借助"慢"来赢得更高的工作效率。

◎技术：80/20 法则

80/20 法则由意大利经济学家兼社会学家维弗利度·帕累托提出。它是指行事优先次序的编排，要依照事情的重要程度，并建立在"重要的少数与琐碎的多数"原理的基础上。这个原理现在已变成管理学界熟知的 80/20 法则，即 80% 的价值是来自 20% 的因素，其余的 20% 的价值则来自 80% 的因素(见图 5-1)。

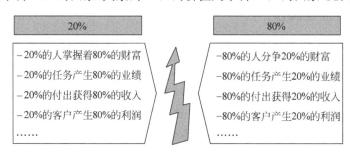

图 5-1 80/20 法则

将 80/20 法则引入时间管理领域后，人们得到这样的启示：做事时，要避免将时间花在琐碎的多数问题上，因为即使花了 80% 的时间，你也只能取得 20% 的成效；应该将时间花在那些少数的重要问题上，因为你只需花 20% 的时间，便可取得 80% 的成效。

80/20 法则如何在时间管理中应用呢？

2006 年，华为在刚果(金)的客户由于客观原因要改变工程计划，将核心网设备建设原本 30 天的工期压缩为 4 天。这简直是不可能的事，但如果放弃，则意味着华为在非洲市场上损失了一次开拓的机会。经过对形势的谨慎分析，华为项目组迅速协调十几名工程师到现场施工、检测。此时，这些工程师手中尚有其他工作任务，而为了赶这个项目，他们放下其他所有任务，并吃住在工程现场，将工作时间全部用于完成该项任务。最终华为比预期还提前 6 小时完工。

华为在刚果(金)的项目组意识到任务(客户要求改变计划)的重要性，集中调配大批工程师到现场施工、检测。这些工程师放下其他任务,为这项工作留出足够的时间,并投入所有精力保障该项目,最终完成了任务。这就是典型的80/20法则在时间管理中的应用。

80/20法则应用步骤如图5-2所示。

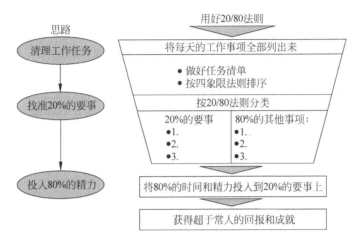

图 5-2   80/20 法则应用步骤

图 5-2 所表示的时间管理方法是——预先安排 20％的重要任务。现实生活中,我们也可以反过来做,预先安排 80％的任务,其最终目的都是一样的——把时间用于少数重要的事。

(1)预先安排 20％的任务

预先对最重要的 20％的任务目标做出详细说明,为其安排较多的时间。然后在时间安排上以降量的形式,开展剩余的 80％的工作任务,并对之做出详细说明。以表 5-1 为例,先为第 1 项和第 2 项任务安排时间后,再对 3～10 项的任务安排时间,时间安排越来越短,其中第三项是工作时间长度居于第三位的任务,而最后一项工作任务的完成时间最短。

表 5-1   任务排序表

价值排序	任 务 内 容	时间安排
1		2 小时
2		2 小时
3		1.5 小时
⋮		⋮
10		20 分钟

（2）预先安排80％的任务

对80％的任务目标预先做出详细说明,对任务目标完成所需的时间、最后结束期限加以说明,并为"稍后进行的额外任务目标"分配一定的时间。根据对80％的任务的时间平衡,最终确定20％重要任务的时间安排。以表5-1为例,可先确定第3~10项工作任务的开始时间、结束时间,再着手安排第1项和第2项的任务,为之留出足够的时间。

另外,在项目进行过程中,实施系统化的变更控制措施——只接受那些最有价值的新任务,对新出现的任务要先判断其价值,根据价值大小安置在任务排序表中,斟酌其属于80％还是20％范围的任务,然后再行安排处理时间。

其实,无论先安排20％的那部分任务还是80％的那部分任务,都必须保证20％的重要任务的处理时间的充足,这样才能保证获得更多价值。

◎工具：ABC分类法

一般情况下,我们一天的工作任务里只有几件事情是最重要的,总有一些并不重要或者完全是无关紧要的任务。此时,为了能够高效利用时间,我们可以使用另一种时间管理工具——ABC分类法。

运用ABC分类法,需先依据重要程度将待办事项按重要到不重要的顺序划分为A、B、C三个等级。其中,A级任务在所有事务中只占很小一部分,但这些任务是最重要的;B级任务是次等重要的任务,这类任务要比A级任务多一点;C级任务则是那些不太重要的琐事。ABC分类法示意图如图5-3所示。

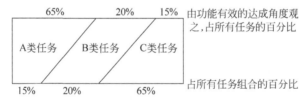

图5-3　ABC分类法

☐ A类任务：必须做的事,是关键事务。例如,管理性指导,约见重要客户,重要的限期临近,能带来领先优势甚至成功的机会等。

☐ B类任务：应该做的事,是具有中等价值的事务。B类事务有助于提高个人或组织业绩,但不是关键性的。

☐ C类任务：可以去做的事。相对前两类事情,C类任务是价值最低的,在安排时可以靠后,也可以授权或委托他人代办,甚至忽略。

在时间管理过程中，A 类任务需要进行重点管理；B 类任务要进行次重点管理；C 类任务则只需一般管理。

下面我们通过一个案例简单介绍 ABC 分类法的应用。

> 赵宜（化名）是某公司的一名部门主管。某天，当他一只脚才踏进办公室，就看到办公桌上大堆待审阅的文件。看看工作计划表，发现今天要制订当月新产品的市场销售计划；要与某客户负责人商谈供货的合作事宜；找要离职的一位员工谈话；制定优秀员工评选的原则和标准；召开上月部门工作总结会议；向老板汇报销售额下降的情况；与人力资源部交换人员招聘意见；听下属汇报工作；接待一位重要客户的投诉……赵宜一时有些茫然，不知该从哪儿下手。

一般人遇到类似赵宜这样的情况往往会束手无策，但只要掌握 ABC 分类法这一有效的工具，肯定会有所帮助。那么，运用 ABC 分类法又该如何安排赵宜的工作呢？下面给出详细的建议。

> 第一，确定近一段时间（约一星期）要做事情的目标，如销售额增加 3 个百分点；顺利推出新产品。
>
> 第二，列出一份工作清单，将自己要做的事情写下来，越详细越好。
>
> 第三，分类并制定相应的工作项目表。依据 80/20 法则，将要做的事情按正确顺序分别对清单上的工作分类，把当日重要且紧急的工作归入 A 类，把重要但不紧急和紧急但不重要的事务列入 B 类，把既不重要也不紧急的事务列入 C 类。
>
> 然后，分别编制 A、B、C 三张任务表。
>
> 第四，检查工作任务表。确定哪些工作是必须做的或者只有自己才能做的，哪些是需要别人协作才能完成的，哪些是下属可以做到的或者下属应该做的。进一步调整工作任务，拟订最后的任务表。
>
> 第五，规划一天的时间，立即投入工作。A 类事务亲自去做；B 类事务视 A 类任务进度而定，必要时可以请他人协助做或者授权下属去做；C 类事务授权下属完成、暂时搁置或者放弃。
>
> 第六，每隔两天，检查一下工作事务是否符合 ABC 分类法的原则，发现问题，立即解决。

此外，运用 ABC 分类法还有一个优点，它能够剔除人们对每项任务附带的个人情绪，可以让我们理清思路，知道优先做什么，重要的在哪里，而不是一味按照自己的喜好做事，导致最后完成的工作价值偏低。

▌第二节　追踪当下时间使用情况

"在时间的有效运用上,我们的敌人是自己。"我们在管理时间时,应先客观地分析自己运用时间的方式以及状况。几乎所有记录时间使用状况的人对自己的时间使用都是相对高效的,这种对时间使用情况的追踪对他们大有裨益。

◎时间的盗贼

"没时间!"这是很多人挂在嘴边的一句话。但在我们周围总有一些人,与我们的工作量相同,效率却很高。要知道,每个人拥有的实际时间是相同的。追根溯源是因为我们的时间被"盗贼"偷走了。

低效率

做事的时间可以缩短而实际上却未被缩短,就是"效率不彰"。例如,打电话或开会时,若是毫无目的、时常跑题,无形中就会拖长时间。反之,若能言简意赅,集中处理问题,则可省下不少时间。

不在意

例如,用于等待的时间(等人、等车、等电话),因为时间短(少于半小时),一般人都以空等来度过。其实,这类小额时间累积下来也颇为可观。

坏情绪

事情不顺利或失败时,我们会生气、惋惜、愧疚、后悔,若不及时控制这些消极情绪,及早转换心情,会在情绪上浪费许多时间,拉长做事的时间。

不专心

若做事一直不能静心,易被琐事分散注意力,时间就会很快流逝,结果一事无成。例如,有些人工作时喜欢闲聊,这就是不专心的表现。

包揽工作

自以为万能的管理者或员工常会干涉、指导他人(别人并未向他求助),或将他人的工作任务揽到自己身上,结果把自己累得半死,同时也剥夺了他人尝试及修正的机会。

被打扰

当他人请求帮忙时,许多人既不甘为人跑腿,又担心说"不"会"得罪"人,只好任人掠夺自己的时间。

找东西

据对美国200家大公司职员做的调查,公司职员每年都要把6周时间浪费在寻找乱放的东西上面。这意味着,他们每年要损失 10％ 的时间。对此,相信有人会有深刻的体会,很多人总是处于忙着找东西的状态。

这些看似不起眼的时间"盗贼",窃取了我们大部分的工作时间。

◎诊断时间的基础工具

在华为,员工们发现了一个很好的用于诊断时间的基础工具——时间记录表。使用记录表可以详细记录自己每天的一举一动,包括从起床到上床睡觉,无论大事小事。如果有可能,最好能具体到分钟。这样,就能够将时间记录表作为个人时间使用情况的分析依据。

选择最得心应手的工具

根据需要及个人习惯,选择最得心应手的记录工具。

(1)纸笔。作为最原始、最廉价的工具,它们也是一种记录时间开销比较方便的载体。

(2)免费记录软件。将免费记录软件(3M Post-it Notes Lite)下载到笔记本电脑、智能手机中,保持计算机和手机的电量充足,以随时记录时间使用情况。

(3)电子笔。用电子笔来录入笔记本等纸面上书写的文字。

列表时不强求工整

列表的读者往往是自己,只要自己能看懂即可,不必强求工整。

> 在华为,很多员工都会熟练地运用缩写、箭头、线条、对号、叉号以及各种各样的符号和圈圈框框……以最简便的方式来记录。除非必要,否则他们不会再花时间重新整理自己的列表。

列表和工具要随手可及

做列表时,可以使用铅笔、圆珠笔、钢笔或签字笔等,也可以使用任何一个本子上的某一页纸,使用专门的黄色便条纸,或在墙壁的白板上写……总之,列表和工具一定是随手可及的。

☐ 如果一天都在办公室,那么,可以在办公桌的围栏上贴黄色便条纸,或将列表放在抬头可见的白板上。

☐ 如果一天要做的工作几乎都要在计算机上完成,那么,可以选择 Windows Vista 边栏上的便笺小工具。

☐ 如果一整天都要在外工作,那么,可以选择 PDA 或者随身携带的小笔记本。

确定最重要的那个任务

简单判断一件事情是否重要的标准是:此事是否对目标的实现有益。那么,如何快速判断一个任务是否紧急呢?对此,华为的员工们有一套自己的方法:"我们只需将自认为紧急的任务延迟一段时间再处理,就会明白那些任务实际上并没有那么紧急,也会更加明确真正对目标实现有帮助的、最重要的任务到底是哪件。"

制作专门的下一阶段任务列表

除非万不得已,绝不在任务中途更改列表中的项目,而是启用下一阶段的任务列表,将新想法记录下来,然后马上回到当前的任务列表,专注于当前应该完成的任务。这样一来,在当前的任务完成后,下一阶段的任务列表上已经有相当数量的、具体的待处理项目,不用再花过多时间思考。

给任务制定核对列表

在任务列表中的每一个项目实施完毕后,用事先制定的检查列表来确认当前任务是否如期完成。如果项目不超过 7 个或对项目已经非常熟悉,那么检查列表可以在大脑中进行核对,而不必一一写出;如果任务项目较为复杂,最好提前制作一个核对列表,逐一进行核对,以确保无误。

◎列一份时间开销清单

大多数人并不了解自己,当面对"没时间"这样的难题时,他们更喜欢逃避现实而不是追踪和解释自己在当下使用时间的情况。如果我们能够花一个星期的时间来客观地了解自己的时间使用情况,我们将会惊奇地发现:这是一种极为有益的经验。最重要的是,你追踪到时间的"盗贼"了。

了解自己的时间使用状况并非什么难事。列一份在一周内花费时间的清单,记录下一周内每隔半小时的所有活动。只要持之以恒地记录,即可获得一份完整的时间开销清单,接下来就可以完成时间开销清单的分析和诊断了。

华为的员工们精于这样的时间使用追踪,他们会为此准备两张表(见表 5-2 和表 5-3)。

那么,他们是如何使用时间开销清单的呢?

首先,在"时间开销清单"中列出每周中 10 项或更多的主要活动,并将每一类活动按顺序编号。

然后,准备一份"一周事件记录表",将"时间开销清单"中的活动对应地列在"一周事件记录表"中。

在周一开始时,随身携带"一周事件记录表",每半小时在表中的适当位置记上该活动的编号。例如,星期一上午 9 点到 9 点半进行上下班交接,就将编号 1 记在星期一上午 9 点的空格里。一周结束时,"一周事件记录表"的所有空格都应该有一个编号。

表 5-2　每周时间开销清单

序号	工作任务	预期花费 时间/小时	实际花费 时间/小时	两项时间 之差/小时	占总工作时间的 百分比/％
1	上下班交接				
2	开会				
3	打电话				
4	阅读文件				
5	整理通信				
6	帮助下属				
7	接待宾客				
8	向上级汇报				
9	公务出差				
10	拜访客户				
11	……				
统计					

表 5-3　一周事件记录表

时间	周一	周二	周三	周四	周五
9:00					
9:30					
10:00					
10:30					
11:00					
11:30					
⋮					
18:00					
18:30					

　　统计每一项活动出现的次数。例如,在时间表上第三项活动"打电话"出现了 10 次,即表示他花了 5 个小时在工作时打电话。因此在表"时间开销清单"中"3 打电话"一行中"实际花费时间"对应相交的空格内计入 5。依上述方法填满《时间开销清单》中"实际花费时间"一列,直到"实际花费时间"所有空格中都有一个数字(可能是零)。

　　将"预期花费时间"减"实际花费时间"的余数填在"时间开销清单"的"两项时间的差额"一列内。如果是负数,表示我们花费在该活动上的时间多于预期;如果是正数,则说明我们花费的时间少于预期。

最后,为每项活动算出"占每周总时间的百分比",公式为

$$百分比(\%)=(每周实际花费时间\div40)\times100\%$$

值得注意的是,"每周实际花费时间"的总计应该等于40,而"占每周总时间的百分比"的总计应该是100%。

另外,在记录时,可按照每项活动的重要性的大小在表中做出适当的数字标注。以工作任务的重要性(实现目标的贡献)为例,可以事先假定"1"代表极为重要,"5"代表不重要,"2"、"3"、"4"则代表介乎"1"与"5"的不同重要程度。最后,在进行每一种活动时,倘若遭遇干扰,则在表中最后一栏注明干扰的类别。如果电话、访客或开会等工作任务占用了太多的时间,也可以分别对之做出详细的记录。

正如萨缪尔·约翰生说过的一句话:"习惯的束缚平常是感觉不出来的,待到发现时又已经变得难以破除。"通过定期使用时间开销清单,使华为员工为自己创造了诊断自身时间管理能力的机会,并以此打破坏习惯的束缚。

◎反省你的时间管理能力

列明"时间开销清单"后,就能够应用这份信息来诊断并反省自己的时间管理能力了。在华为时间管理培训课程中,培训师会让参训的员工填写时间管理能力测试表(见表5-4),以诊断他们的时间管理能力。

表5-4 时间管理能力测试表

序号	问 题	回答
1	我觉得我可以在工作中更努力	
2	我无法告诉你我上个星期工作的时间	
3	我常常把事情留到最后一分钟才做	
4	对我来说,开始着手一项工作任务很难	
5	我不确定我下一步要做什么	
6	开始做某项任务之前,我会拖延很长时间	
7	我不知道我做的工作是否足够多	
8	我在不同的任务之间频繁地换来换去	
9	我不清楚我在哪些场所的工作效率比在其他场所的工作效率高	
10	我不清楚我在哪些时间的工作效率比在其他时间的工作效率高	
11	我工作起来没有规律,有时会在某项任务上花费很多时间后又置之不理	
12	我不可能完成我计划的全部工作任务	
13	我不肯定自己是否会优先处理最重要的工作任务	

注:针对自己的情况回答"总是"、"经常"或"很少"

接下来,要求员工们将得出的答案和解释互相对照。

(1) 我觉得我可以在工作中更努力。

　　如果总是觉得自己可以做得更好,而自己的时间没有发挥出最大效用,这说明自己的时间管理技巧欠缺。

(2) 我无法告诉你我上个星期工作的时间。

　　实际工作时间与行为者自我感觉的工作时间之间存在差距。如果对自己的工作时间长度没有明确认识,最好花一天至一星期的时间,逐小时记录自己的时间使用情况。

(3) 我常常把事情留到最后一分钟才做。

　　如果总是出现这种情况,有两种可能原因:一是忽视时间管理,未使用时间表;二是在制订时间表时,顺序排列不合理。

(4) 对我来说,开始着手一项工作任务很难。

　　即使做好了计划,准备开始工作前,仍对工作感到头疼——如果常常出现这种情况,那么,症结不在制订计划的环节,而在于行动这一环节,应有意识地增强自己的行动意识,并掌握克服拖延的技巧。

(5) 我不确定我下一步要做什么。

　　总是不确定自己下一步要做什么,这是行为者缺乏整体计划的表现。

(6) 开始做某项任务之前,我会拖延很长时间。

　　参见对第(4)项的解释。

(7) 我不知道我做的工作是否足够多。

　　请参见对第(1)项的解释。

(8) 我在不同的任务之间频繁地换来换去。

　　怎样为不同任务分配不同的时间长度,是一个重要的技巧。安排的时间过长或过短都会降低效率。最好的方法是通过测试和记录来确定最适合自己的时间长度和间隔。

(9) 我不清楚我在哪些场所的工作效率比在其他场所的工作效率高。

　　没有人能完全排除外界的影响。不同的场所对个人工作效率会产生不同的影响,只不过人们往往没有留意这一点。如果清楚地知道自己在哪些场所的工作效率较高,说明对自己很了解,这样才有助于自己进行时间管理。

(10) 我不清楚在哪些时间的工作效率比在其他时间的工作效率高。

请参见对第(9)项的解释。

(11) 我工作起来没有规律,有时会在某项任务上花费很多时间后又置之不理。

这也是缺乏整体计划的表现。

(12) 我不可能完成我计划的所有工作任务。

完成所有想做的任务存在一定难度,在制订时间表时必须有所取舍。但如果连时间表上列出的任务也总是不能完成,那么不是时间表不切实际,就是执行的过程中出现了问题。

(13) 我不肯定自己是否会优先处理最重要的工作任务。

先明确价值观,再确定目标,可以更容易地为各项工作任务确定优先级,优先处理重要的任务。如果总是对此感到迷惘,则说明对自己的价值观不够明确,不能清楚地表述自己的真实需要。

在这个时间管理能力的自我诊断过程中,如果他们回答"总是"、"经常"的频率高于"很少"的频率,就说明他们"工作效率偏低"。接下来的任务就是进行良好的自我时间规划,以提高时间利用率。

▌第三节　把时间集中起来

有些人在时间管理上存在一种误区：认为抓住每一分钟、每一秒钟就是做好时间管理了，就是合理利用时间了。实际上，关键不在于你是不是每分钟都在工作，而在于你的时间是零散的还是集中起来被利用。

◎积极构建时间块

时间块，顾名思义就是一块一块的时间。构建时间块，实际上就是将任务散布在不同的时间域里。时间块模型如图5-4所示。

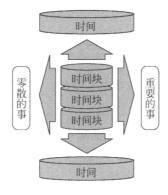

图5-4　时间块模型

华为员工习惯于把一天的时间尽量合理地分成独立而完整的时间块，在每个时间块都只专心做一件事情，并尽可能避免被别的事情打扰。

安排整块时间

在介绍时间块之前，做一个简单实验。

如果你要写一份策划书，并且给你独立和完整的时间，在这段时间里，你不会受到任何干扰，你可能只需要一天（8小时）就能完成，而且写出的报告非常漂亮。

但现在换一种模式，给你一天的时间，但这一天不是连续的，而是4天中每天上午1小时，下午1小时，加起来一共8小时。同样是8小时，你会发现这种模式下你根本无法完成策划书。

所以，尽量不要把同一件事情安排在若干个零散的时间中。这就是"时间块"原理。它告诉我们，时间要安排成整块的，而非零散的。

关联当下计划

在设置了整块的时间后,仍会出现问题。刚开始的时候,大家还都能做到把任务散布在"时间块"里和"要事优先"。可是,慢慢就无法按时间块执行了,究其原因在于:已经计划好的内容,到执行的时候,无法按计划执行;或受到"突发"事件的影响,导致时间块被打乱。

为了让"时间块"正常运行需要考虑以下三个方面。

- □ 按要事优先的原则安排工作计划,保证计划的可行性。
- □ 学会说"不",保障自己的工作节奏,具体方法可参照第六章相关内容。
- □ 安排处理突发事件的时间块,专时专用,保证主要时间块的运行。

兼顾外部协作

虽然每个人都在计划和安排自己的"时间块",但至少有 80％以上的事情是需要两个或更多人共同协作才能完成的。由于每个人都在各自计划自己的"时间块",使得彼此的"时间块"出现冲突和错位。因此,构建"时间块"的时候需要注意以下事项。

- □ 充分的沟通。通过沟通提高内部信息透明度,使信息传递及时、流畅、准确,彼此都知道对方的工作进度和内容,保证彼此的时间块都能顺畅衔接。
- □ 接收到其他的工作安排后,不要立刻处理,而是根据事项的重要和紧急性进行判断和选择,必须当时处理的,立刻处理。

这样,既保证了自己计划中的"时间块",按时完成工作;又能保障其他人的时间块。

◎一次只做一件事

任正非曾几次去丰田考察学习。"华为的冬天"这篇讲话就是任正非在考察了丰田如何过冬之后写出来的。讲话中,任正非强调,要让"地头力"再次成就华为！所谓"地头力",其全部意义在于:做好一件事,一个人做一件事,坚持做好一件事。

很多人为了提高工作效率,一心多用,将所有的事情一起干,或一件事没做完又开始着手另一件事,但往往一件事也做不好。

有这样一个故事:一个农夫一早起来,告诉妻子说要去耕地,当他走到田边的时候却发现耕耘机没油了;原本打算立刻去加油的,突然想到家里的三四头猪还没有喂，于是转回家去。经过仓库时，望见旁边有几只马铃薯，他想起自己家的马铃薯可能正在发芽，于是又走到马铃薯田去，路途中经过木材堆，又记起家中需要一些柴火，正当要去取柴的时候，看见一只生病的鸡躺在地上……这样来来回回跑了几趟，这个农夫从早上一直到夕阳西下，油也没加，猪也没喂，田也没耕，最后什么事也没有做成。

农夫虽然做了很多事，但总一件事情没做完，就去做另一件事情，一天过去了，最终没有一件事情是做完的。这个故事告诉我们，一次只做一件事，凡事要专心。

纽约中央车站问询处可能是世界上最繁忙的地方了，那儿每天都是人潮汹涌，旅客都争先恐后地挤到车窗前询问自己的问题，可是站在问询处的那个身材瘦小、戴着眼镜的服务人员却看起来镇定自若，一点都不紧张。

一个矮胖的妇人焦急地向前探着头，以便离窗口近点，使服务员能听见她的声音，这个服务人员集中精神，眼睛一动不动地看着这位妇人问道："你要去哪里？"

这时，有个穿着入时的贵妇试图插话进来，但是这位服务人员旁若无人，继续和那位矮胖妇人对着话。

妇人："春田"。

服务人员："是俄亥俄州的春田吗？"

妇人："不，是马塞诸塞州的春田。"

这个服务员根本不需要列车时刻表，就说道："那班车15分钟后到，在15号站台，您不用紧张，时间还够用"。这位妇人又确认了一遍转身离开，这个服务人员马上将注意力转移到下一位乘客身上，又是寥寥数语，这位乘客也满意地离开了。

后来有人请教他是如何保持冷静的，这位服务人员这样回答："我并没有和很多人打交道，我每次只是单纯处理一位旅客，忙完一位，再换下一位，一次只服务一位乘客是没有什么可紧张的。"

这位服务人员的工作理念非常值得我们借鉴：集中注意力做好一件事，不贪多但是求精。一个时期只有一个重点，抓住它，我们才能静下心来，一心一意地去做好这件事。

那么，如何集中精力一次做好一件事呢？下面给出几点参考意见。

  □ 清除一切会分散注意力、产生压力的想法，将注意力集中在你专注的事情上,学会给自己减少干扰。

□ 把你想做的事情想象成一大排抽屉中的一个小抽屉。你的工作只是一次拉开一个抽屉并满意地完成抽屉内的工作,然后推回抽屉不再想它,再拉开另一个抽屉。

□ 了解每一项任务中你所承担的责任,了解你自己的极限。尽最大的努力去做好一件事,不要被消极情绪影响做事的效率。

□ 集中注意力:一是设定即时目标,注意正在发生的事情;二是关注密集度,紧锣密鼓地进行手头的工作。

□ 养成在规定的时间完成任务的习惯。一件事有时间限制,自己就会有种紧迫感,不敢松懈下来,从而能集中精力,专心地去完成。

基于这些,我们在工作日中应该避免不必要的工作转换,进一步说,就是应尽最大努力把一件事情做好、做到位,然后再考虑下一件事。就心理学角度而言,当一个人完成了一件事时,会有一种解脱感和满足感,甚至是成就感,这是一种享受的心理状态,是保证做好另一件事的必要前提。

◎统筹利用空档时间

不管一个人多么有效率,总有人或事会让他等待:也许他已经尽可能地小心规划每一项工作任务,但是却意外地错过公车、地铁、飞机,碰上出其不意的中途休息,平白出现了一些可利用却在被浪费的时间,而这些都是在所难免的空当时间。很多人将这部分空档时间以等待虚耗过去,其实,这部分时间也可以被纳入工作时间计划里,如能被善加利用,将为我们的生活带来很多助益。

任正非在飞机上找到了自己的时间区,他曾坦言:"每次去北京出差,3个小时左右的航程,有两个半小时我都在读书。"

一家咨询公司将人们在头等舱和经济舱中工作的效率与在普通办公室里的工作效率进行对比。结果发现,在飞机里1小时不中断的工作成果相当于正常工作环境下3小时的工作成果。

运用空档时间前的准备

和很多具有时间感的人一样,华为的管理者和员工们都有这样一种习惯——计算自己完成一项工作所需的时间,以此把握自己做事的时间长度,更有效地运用空档时间。

科研人员张楠(化名)在往来于研究中心、食堂、"百草园"员工宿舍之间时发现了他的时间区。他说:"开始我认为这样的距离太远了,实在是浪费我的时间。可是后来我发现,当我走出研究中心时,我脑袋里似乎被风吹进了新鲜空气,我会开始一次新的思考、论证,这种思考与我在研究中心里的思考是完全不同的。"

此外,华为的员工们在外出前也会事先做些准备,例如,带文件、书籍或笔记本电脑,时刻准备利用可能突然多出的空当时间——看资料、写东西、修改报告、检查语音邮件、打电话或用录音机口述信件等。

善用不同长度的空当

在多年的管理和实践工作中,管理者和员工们灵活应用"活动空档",甚至整理出在不同的空档里可以做的事情。一位培训师在进行华为时间管理培训时曾给出这样的示例。

- □ 如果有 5 分钟空档,建议你打一通电话、看一遍数据、整理笔记或写感谢函。
- □ 如果有 10 分钟空档,建议你整理桌子、收发电子邮件,或是整理名片。
- □ 如果有 30 分钟空档,则建议你看看上级下发或其他部门发来的资料或电子文件等。

利用后段空档时间

所谓"后段空档时间",是指因某项工作在预定时刻前完成而产生的空闲时间。

在华为,管理者为避免耽误上级、同事或下属员工的时间,往往在与人交谈前,先整理好自己的思路,分出"一、二、三……",因而谈话时条理清晰,言辞简洁,易于理解,大大节省了双方沟通的时间。当出现实际使用时间少于计划使用时间时,管理者们会适当地将下一工作环节的工作向前移或调配其他工作任务在这段空档时间处理。

◎集中处理琐碎事务

琐碎的事务为什么要批量处理?这个问题就好比一个快递员要将全国各地收集来的邮件送至同一座办公楼一样简单。快递员不会一件一件地送邮件,而会把这些邮件分拣集中起来,统一送达。集中处理琐碎的事情,时间才能得到更合理的利用。分散与批量处理说明如图 5-5 所示。

华为一直倡导员工批量处理琐碎事务。他们通常会遵循 80/20 原则,聚焦主业务,将其他事务归为琐事类,并集中处理,同时优化工作方法,压缩处理琐事的时间。

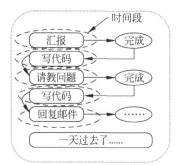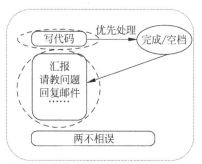

琐碎的事情被分割成几个阶段处理,这严重地影响了重要任务的连续性分散处理

批量处理琐事,既保证了重要事务的优先处理,也提高了处理琐事的效率批量处理

图 5-5　分散与批量处理说明

　　Linda(化名)是华为分公司人力资源部部长助理,每天都要处理大量的工作,包括检查和处理信函、email、电话、传真;协助部长对内、对外信息的上传下达;安排部长的工作日程,包括出差和住宿安排;协助准备、收集及翻译各种会议、会谈资料及报告;协助部长开展人员招聘、面试等人事工作;甚至协助部长安排一些私人事务。由此可见,Linda 不仅工作量大,而且事情很琐碎。但 Linda 却将看似繁忙的事务安排得井井有条,而且做得很顺手。

　　工作中,Linda 首先将事务性工作按照轻重缓急进行排列,优先处理重要的事和急事,对一些不重要、不紧急但又必须办的琐事集中起来处理。在处理文件时暂缓处理一般性传阅文件,待紧急文件来时一并送给领导,这样既节省了来回送文的时间,又可避免因琐事而频繁地打搅领导。

　　Linda 出色的表现给主管留下了深刻的印象。所以当公司在华南区成立办事处的时候,Linda 顺理成章地被任命为人事经理,全面负责办事处的人事工作。

　　不是只有像 Linda 一样做秘书工作才会接触、应对和处理大量的琐碎工作,大多数的工作者都会遇到这样的麻烦。之所以有些人不能像 Linda 一样做得得心应手,是因为处理琐碎事物的方法不对。

　　琐碎事务集中处理听起来很简单,但在现实生活中,不少人都尝试"集中处理",但多以失败告终。

　　口渴起身去接水,顺便洗个脸,在休息区吸支烟放松一下,回去工作之后不久又站了起来:内急;手机欠费后,把买充值卡和与其他部门进行沟通的事情放一起做,回来之后却发现电话上有主管的 3 个未接来电，只好再次打断工作去汇报。

这些情况在运用集中处理方法的过程中是经常出现的，为了避免此类情况的发生，我们有必要思考如何使用这一方法以更好地为我们服务。

首先，在心理上接受它

有一篇文章曾提到"接受不完美的世界"，同样的，我们也不得不接受工作中无尽的琐事——它既是工作本质的侧面体现，也是各种提高效率的方法论得以立足的根本。

其次，提高琐事处理能力

提高工作能力，压缩处理"琐事"所需的时间。比如，在发传真前预先设定电话号码，直接拨号，而不需要再次输入号码；客户打电话提了许多问题，并向你要报价资料的时候，让对方先写清需求，按照公司主页上的 E-mail 地址发封信过来，再据此回复，比通过电话沟通更可靠。

最后，要有个人工具库的概念

这一做法现在已经很普及，比如拟合同都会有范本；再比如，经常有跨国贸易工作的公司都会准备世界时钟。但这只是一方面，另一方面应该有意识地将自己的知识和经验进行提炼加工，转化成随时可以拿出来运用的"工具"，以便缩短时间、提高效率。

◎用好下班前的 10 分钟

还有 10 分钟就要下班了，有些员工早已提前进入"下班状态"，有的甚至会三五成群聚在一起，谈笑风生；有的盯着时钟发呆，心思早飞出了十万八千里；更有甚者，手机响个不停，正在呼朋唤友……

> 晓文（化名）是华为一名普通的行政人员，作息时间比较固定，早上 8 点上班，下午 5 点下班。可每天距离下班还有一点时间的时候，他就已经坐立不安了，要么拿起电话四处联系下班后的"节目"，完全已经忘记了这还是在工作时间里。下班时间一到，他总是第一个离开办公室，而且办公桌上通常都是一片"狼藉"。第二天早上还要重新拿出时间整理，这就在无形中缩短了自己的办公时间，也大大地降低了工作效率。

然而，高效的时间管理者不会这样。虽然一天的工作时间快结束了，但还是不敢松懈，用好下班前的 10 分钟，将一天的工作做个妥善的总结。

> 秦雨（化名）是经理秘书，对于一个秘书来说，细心很重要，而小雨恰恰就是这样一个女孩。工作中严谨、负责，各项工作都被她打理得

井井有条。当谈及如何利用好下班前的 10 分钟时,秦雨是这样认为的,"对于每个员工来说,下班前的那段时间可能是一天中最难熬的时候,大家都是归心似箭,当然我也不例外。但后来仔细想想,这样做十分不妥,我本身就是做秘书的,一天的工作很琐碎,要整理的东西实在是很多,与其要留到第二天来做,何不利用下班前的 10 分钟,把它做好呢? 看似 10 分钟的时间很短,但却可以做很多事情,记录一下当天会见的客人的联系方式,看看自己的工作进度,整理一下自己的办公桌……"

因此,针对下班前的 10 分钟甚至更多时间的浪费现象,一些高效的时间管理者提出了以下有用的建议。

□ 检查工作:对当天已进行并完成的工作项目做上记号,对未完成的项目做一些梳理,尽量做到心中有数,给自己的工作提供方便。

□ 整理办公桌:下班前将办公桌整理得干干净净,才算真正结束一天的工作。做好这些后,你就可以轻松地下班了。

□ 整理自己的情绪:下班了,终于自由了,轻松的你可以给自己一个选择的机会。但随之而来的是对选择的茫然,所以,还是给自己几分钟的时间,整理情绪,确定一个目标。

□ 整理自己的仪表:忙碌了一天,妆容和衣着都会打点折扣,下班了别急于离开,整理一下衣着,即便下班了也给自己一个亮丽洁净的外表。

除了上述工作以外,还要留出 5 分钟为明天做准备。把当天的工作表检查完毕后,接着花费 5 分钟做好第二天的工作计划。如此,我们的工作状态和生活状态将会大大改观。

第六章

建立自己的防骚扰系统

"被打扰"是第一时间大盗，我们务必要养成良好的工作习惯，有节奏地工作，懂得保持必要的对接，同时保持必要的独立性，使工作变得简明有效，这有助于摆脱团队和个人低效的局面。

▌第一节 与团队保持统一的节奏

请任何时候都不要脱离团队,这是一种危险的行为。很多人抱怨效率低下,认为总是被打扰、他人不配合等。其实,出现这种情况的原因,除了对方的责任之外,主要还在于自己。总是被打扰,那为什么不拒绝?他人不配合,是否想过自己也有问题?归根结底,出现这类问题往往是因为自己没有与团队保持一致的节奏。

◎团队的慢跑和崩溃

热情、高效的工作,会引来团队其他人的积极效仿;同样,抱怨、拖延也会引发他人的效仿。你在工作中的行为、态度,往往会在不知不觉间传染给周围的人。

坏情绪更会像病毒一样,由一个人传染给另外一个人。

美国洛杉矶大学医学院心理学家加利·斯梅尔做了一项实验,他让一个乐观开朗的人和一个抑郁寡欢、愁眉苦脸的人待在同一间屋子里聊天。不到半个小时,这个乐观的人也变得愁眉苦脸。

斯梅尔随后又做了一系列实验。他发现:只要20分钟,一个人就可以受到他人低落情绪的传染,并且这种传染过程是在不知不觉中完成的。

情绪就像一面镜子,你对他微笑,它会回之以微笑;你对他抱怨,它同样也会对你抱怨。所以,在工作中请始终保持乐观的态度,为了团队,也为了你自己。

好情绪让人抱着乐观的心态工作,这能促进工作效率的提高,且有助于建立良好的协作关系。坏情绪让团队成员失去工作的兴趣和动力,导致工作懈怠、进度拖延,也使得工作关系紧张。

同样,拖延不仅是个人工作效率低下的主要原因,也会导致周围的人放慢脚步。很多人在工作中不乏拖延的习惯,我们暂且不论是何原因。但有一点可以确定,他影响了个人既定的工作进度,同时也影响了整个团队或项目的进度,为此我们要寻求解决之道。

当拖延成为习惯,抱怨、指责就成了理所当然的事。此时,个人或团队面临比拖延更危险的事。没有了奋斗目标和奋斗精神,使得组织或个人始终处于"上不去,下不来"的状态。

◎个体与协作方的任务对接

很多时候,进度延期、返工等是由于我们自己与协作方的任务对接不到位造成的。

一位华为的员工这样描述他在项目中的工作情况。

> 当时我做的是 MAP 部分,接口最多,跟数据库、呼叫处理、移动管理都要接口,基本上是属于一个接口模块。开始时,大家定了一些接口,但后来各做各的,出现了偏差,互相之间也没有沟通。当时这个模块有些程序是由下面的人写的,而他们没有相互配合的意识,我也没有加强这方面的检查,没有意识到这些地方很容易出错。结果,后来在对接口的过程中,发现问题太多了,根本就对不上,只能重新改程序,互相商定新的接口,再调整一次。虽然调整后能对上了,但却浪费了一个月的时间。

华为的这位员工初始显然没有与协作方进行很好的对接,大家在工作内容发生变动时都依据自己的想法进行设计,这样就改变了接口模块,相当于每个人都有一套自己的接口,导致在最后的对接中,根本无法对上,不得不重新调整,最终耗费了一个月的时间。

出于创新、压力、沟通、疏忽和习惯等原因,个体在工作中往往会使所设计出的内容与其他成员的工作成果无法对接,造成时间和机会上的浪费。如果出现这种情况,应积极进行调整,使其回到正常状态上来。

> 2009 年 5 月,华为沙特代表处成立了合同管理及履行支持组织(CSO),人员来自各代表处的不同部门,共 10 人,其中李明(化名)被任命为主管。该组织的成员都在一间大办公室办公,很快问题就出现了。部门墙并没有因为一起办公而消除,遇到问题互相推诿现象严重。一天,李明在完成白天的工作后召集大家研讨,研讨中发现大家总是忙闲不定,原来文档获取、清单配置、开票回款等环节一环扣一环,当工作积压在其中一个环节时,上下游工序的人员往往觉得无事可做。
>
> 李明觉得必须把这些本来不是很熟悉的员工凝聚起来,同时让工作顺畅起来。通过仔细分析,决定用拉通的理念来运作。
>
> 首先,将 CSO 业务与客户拉通。与客户建立例会制,将客户的信息第一时间传递到 CSO,以准确掌握客户期望。
>
> 其次,将 CSO 内部各环节拉通。每个环节的员工除负责本职工作外,还必须在上一环节和下一环节承担一定的职责。

最后,在代表处内部铁三角拉通,保障文档的准确性和及时性。

这些措施让 CSO 成员逐渐耦合在一起。遇到问题,各小组主管往往带头一起加班。

李明通过拉通理念,理顺了 CSO 团队成员与协作方(内外部)的协作方式和关系,这让团队和个人的效率都获得了极大提升。

在日常工作中,我们要努力与协作方保持联络,依据接口方式认真进行工作。以下是一些促成良好协作的方法。

- ☐ 明确各自工作的接口,严格遵守并做好控制。
- ☐ 通过工作分解结构(Work Breakdown Structure,WBS)明确对方责任。
- ☐ 管理人员提供每个人员的进度反馈(以日计)。
- ☐ 保证项目沟通计划的权威性。
- ☐ 依据工作流程,处于上游工序的称为供方,处于下游工序的称为客户。客户向供方发出需求,响应则与之对接,无响应则向其他供方对接。
- ☐ 最后,确保工作一次做到位,不要反复修改。

总之,个体与协作方之间一定要做好对接工作,保证工作一次就做好。

◎主动沟通,保障沟通节奏

沟通滞后是造成工作节奏紊乱的原因之一。有人认为工作中若去打扰同事或上级会影响他们的工作,在工作结束以后再沟通也无妨,实际上这是一种错误的观念。沟通滞后意味着被动、信息受阻、机会丧失。

华为的一位项目经理王易(化名)回忆起自己初到公司的情况。刚到公司不久,他就参与了一个重要的项目。众所周知,华为的项目一向很紧,包括 PL(项目领导者)在内的所有成员,都在加班加点。王易也同他们一样,拼命工作,心想自己一定要做好,不能给他们添麻烦。在工作中,王易遇到棘手的问题时,总是反复琢磨。

经过一个月的努力,到了第一阶段集成的时候,王易设计的系统与其他人存在很大的偏差。PL 不得不召集其他人一同帮他修正,为此多花费了一周的时间。

自此,王易在以后的工作中多了一个心眼,遇到问题时记录下来,然后交给 PL 或花几分钟时间直接汇报。

很多人在工作中也如王易初始的工作状态一样,遇到问题都想先自行解决。结果却是,当任务完成后,需要集成或集成后进行联调的时候,前阶段的问题将有可能产生想象不到的情况,此时再协调,难度将会很大,因为此时的修正基本上都属于返工性质,本来想着不给他人添麻烦,结果却严重影响了别人的工作节奏和进度。因此,在工作中应保持主动沟通,尽量做到事前解决,不要留到事后解决。

华为在 K 国的某手机项目中标后,项目组开始实施项目。随着项目的推进,客户界面上的困难也随之而来。为了解决问题,项目组与客户进行了有效沟通,客户提供部分室内覆盖系统、施工等工作,项目组负责其他工作。但不久后,发现一个审批在客户内部要很长时间,这严重阻碍了实验局的交付进度。

为此,项目组改进了与客户沟通的方式,在关键的里程碑上与客户提前沟通,单个进展则通过周例会沟通,单点问题实时沟通。沟通过程中同时倾听客户的解决方案,并根据客户的建议向客户协调相关的资源,例如工程师配合等。很多时候,客户的一个小举措就能解决大问题。项目组通过积极沟通,及时解决了项目进行中遇到的各类问题,提升了交付效率。

项目组在遇到问题后,主动与客户沟通,并采用恰当的沟通方式,提高沟通效果,保障沟通的节奏。

在这里我们提供一些保障沟通的小建议。

☐ 建立良好的沟通模式,确保至少有一条可以独立进行沟通的渠道。

☐ 采用方便、有效的沟通工具,如工作日报、协调会等,进而有针对性地解决问题。

☐ 项目经理要有积极的沟通欲望,以带动整个团队的沟通。

☐ 项目经理应该对成员的反馈及时响应。

☐ 建立相互制约的管理制度,尤其是关于最终集成部分的工作,必须由两人以上进行任务的确认、执行。

☐ 对成果进行审查,发现问题及时纠正。

沟通在项目实施乃至日常工作中都很重要。每个人都是团队的一分子,团队运作是以整体目标、效率为先导的,相互沟通协调可以让团队工作更顺畅。

▎第二节 保障自己的工作节奏

我们在工作中发现,连续工作状态下的效率要比中途打断、重新接着工作的效率更高。

◎打扰是第一时间大盗

华为员工小宁笔记本的页头,赫然用红笔写道"打扰是第一时间大盗"。

> 日本专业的统计数据指出:"人们一般每8分钟会受到1次打扰,每小时大约7次,或者说每个工作日50~60次。平均每次打扰大约是5分钟,总共每天被打扰约4小时,也就是工作时间的50%。其中80%(约3小时)的打扰是没有意义或者极少有价值的。同时,被打扰后重拾原来的思路平均需要3分钟,总计每天大约就是2.5小时。"依据上述统计数据,我们每天因打扰而产生的时间损失约5.5小时,按8小时工作制算,这占了工作时间的68.7%。

由此可见,打扰的确是时间的第一大盗。那么我们如何避免打扰呢?为解决这个问题,华为提出了自己的时间管理法则——韵律法则,它包括两方面的内容。

保持自己的韵律

保持自己的韵律就是要按自己的韵律工作,而不被其他人或事打断。具体的方法如下:

- ☐ 做事有计划,合理分配时间;
- ☐ 专注于当下事件,不瞻前顾后;
- ☐ 主动与团队沟通,避免被打扰;
- ☐ 琐事先记录,延后集中处理;
- ☐ 对于无意义的打扰电话要学会礼貌地挂断;
- ☐ 多用打扰性不强的沟通方式(如 E-mail);
- ☐ 适当与上司沟通,减少来自上司的打扰。

与别人的韵律相协调

在保障自己工作韵律的同时,还要注意与别人的韵律相协调,不打扰别人。具体的方法如下:

- ☐ 不要唐突地拜访对方,要了解对方的行为习惯等;
- ☐ 汇报工作尽量规范化,不要随意汇报;

☐ 非必要时,别中途汇报或提请求,而是在刚上班或快下班时进行;

☐ 与他人沟通多件事情时,按顺序一次性说清楚;

☐ 不要陷入争论,说完事情即可。

◎优化你的工作韵律

工作任务的落实要遵循自己特有的工作韵律有条不紊地开展。最有效的策略就是在确认自己的工作韵律后,根据自己的实际情况和预期目标,创建更为和谐的工作韵律。

◎确诊自己是否被打扰

借助任务安排表,可以确定是否被打扰。具体做法是通过日常工作计划落实情况的考核,检查自己在工作中被打扰的时间长度和原因。被打扰诊断表如表 6-1 所示。

表 6-1 被打扰诊断表(例)

工作任务	计划工作时间	实际工作时间	是否与预期有差距	是否被打扰	被打扰的时间长度和原因
1	9:00~10:00	9:00~10:20	是	是	20分钟/任务咨询
2	10:00~11:00	10:20~11:20	是	否	—
3	11:00~12:30	11:20~12:50	否	否	—
4	14:00~15:30	14:00~16:30	是	是	1小时/请求帮助
5	15:40~16:30		是	否	原计划取消
6	16:40~18:30	16:40~18:30	否	否	—

找出经常被打扰的时间段

找出最常被打扰的时间段,并回忆被打扰的原因。以表 6-1 为例,可以发现:

☐ 上午 9:00~10:00 被打扰,被打扰的原因是任务咨询;

☐ 14:00~15:30 被打扰,被打扰的原因是请求帮助。

从表 6-1 可以看出,由于被打扰,当事人虽然全天都在紧张地工作,但在其他条件不变的情况下,完成任务的总时间却不得不延长 1 小时 20 分钟。

评价自己的工作韵律

以全天的工作计划与实际完成时间为参照,比较全天被打扰的次数和每次被打扰的时间长度。如果被打扰的次数超过 6 次或单次被打扰的时间超过 20 分钟,使工作进度延迟 10%以上,即可判定工作韵律被打乱。根据上一步的统计,可判定当事人工作缺少韵律感。

分析工作韵律被破坏的原因

接下来分析工作韵律被打乱的原因。我们列举了一些主要原因:

☐ 不喜欢得罪他人;

☐ 喜欢参与每一件事;

☐ 习惯于接受他人的咨询;

☐ 喜欢别人经常来咨询意见,从而感到自己很重要;

☐ 不善于结束他人的来访;

☐ 喜欢不断地和他人交谈。

通过提问,找出工作韵律被打乱的原因。

找到自己的工作韵律

华为时间管理培训中提供了三种有效维持工作韵律的方法。

(1)在固定时间内开展同类工作。将同一类工作任务安排在某个固定时间段集中完成;开始一项任务后要持续进行,不要中途停下来又去执行另一项任务。

在华为,员工一旦接受了管理者下达的工作任务,就会一气呵成地完成,而不会断断续续地开展工作。

(2)事先明确任务。执行工作任务前,一定要明确任务的内容和预期达到的效果。在任务执行过程中走"直线",减少不必要的工作步骤,只有明确自己的工作任务,才能保证工作方向的正确性。

(3)划出与他人共同操作的环节。对于可能被人打扰的工作环节,要提前划出专门的时间,以确保其他工作任务在执行过程中不会被迫中断或延误。如果某些工作环节中需要得到他人协助才能完成,要事前与对方确认合适的时间段,以免打乱了他人的工作韵律。

◎培养良好的工作习惯

一个人告诉自己:"我应该完成可行性报告计划书了,因为期限就要到了。"然而事实很可能是,他先浏览了一下网页,回复了邮件和各种聊天工具上的留言……零零碎碎做了一堆无关紧要的事情,心里也同时着急着"赶快写报告",可就是硬拖到下午才开始。

"打开电脑,聊天、浏览网页、玩玩游戏或看下视频,工作还没开始做,半天就过去了。"有同样经历的人不在少数。我们说,时间就这样被吞噬了,进度就这样被拖延了,最后的结果是递交一份不完美的策划书,最坏的结果可能是重新编写。是什么原因导致了上述问题呢?

☐ 自律性差。平时做事随意,言行不一,逐渐形成懒散的习惯。

    □ 缺乏自信。缺乏对工作的信心，担心无法完成，受到责罚，借
　　故逃避。

    □ 工作遇到障碍时。遇到工作障碍时，就把工作精力转向其他
　　事物，进而养成了遇事逃避的习惯。

    □ 缺乏工作动力。工作时间长，觉得工作很枯燥，从而丧失了工
　　作的热情。

    □ 社会压力。面对社会压力，各种焦虑感加强，进而感到失望并逃避。

　　一旦发现自己有这些倾向，应该立刻"治疗"，防止问题严重化。其实造成这种不良习惯的根源，源自于自己的不良暗示（消极暗示），例如觉得时间尚早，做了这么久工作看看网页轻松一下等，每天给自己这样的暗示，久而久之便会养成拖延、逃避的习惯。

　　我们该如何克服这些问题呢？俗话说，一个好的习惯，可以决定一切，从现在起，要培养自己良好的工作习惯，其步骤如图 6-1 所示。

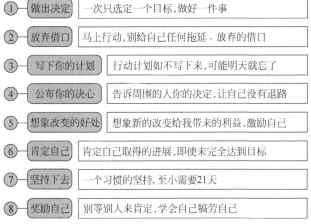

图 6-1　培养良好工作习惯的步骤

　　养成良好的工作习惯，能够让人避免拖延，保证工作韵律的延续性。培养工作习惯是一种外化模式，如果要延续好的习惯，还需要从内部，即从意识层面做出积极的反应。这就是所谓的"内语言模式"。心理学研究表明，语言表达方式能够决定人的行为是积极的还是消极的，而内语言模式是能促使人们积极、主动地做某件事的一种语言表达方式。

　　所谓"内语言模式"，是指用一些起着内化作用的词汇来代替语言中的被动、负面、消极的词汇，从而自然而然地改变行为。

    □ 被动、消极的词汇：不得不/被迫/必须/总是/何时；

    □ 内语言：我要/我决定/我愿意/我肯定。

在被动、负面、消极词汇的暗示下,人们会不自然地养成拖延的习惯。因而我们要使用内语言模式,建立积极向上的思维模式,进而促进良好习惯的养成。内语言的形成是一个长期练习和实践的过程。内语言的实践过程说明如图 6-2 所示。

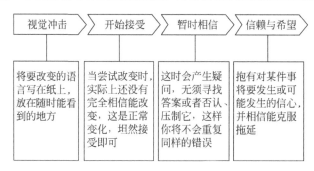

图 6-2　内语言的实践过程说明

积极的暗示可以促进人们产生积极的行为,而内语言模式则是更为细化和可以操作的暗示行为,它可以帮助我们改变一些不好的习惯。但为了保证效果,可以引入外部力量强化这种训练,例如主管的严格监督和教导,共同学习内语言等。

◎ **保持工作韵律的 4 种方法**

优化工作韵律是一个好的开始,但要全面提高工作效率,这还远远不够。最重要的是,你的工作韵律要一以贯之地延续下去,而不会被中断。下面推荐几个保持工作韵律、使自己不受打扰的方法。

工作中请勿打扰

为保证自己的工作时间,尤其是重要的时间块,可以向其他人员声明:在这个时间段,请勿打扰! 如果有秘书,可由秘书告知来访者:"在这个时间段里,(除了××)不接见任何人。"当然,也可以让秘书代为处理一些事务。

在华为,虽然科研人员的工作环境已经极为安静,但是一些着力攻坚的科研人员还是会在自己的办公室门上悬挂一个标识牌,表明其正在工作中,请他人不要打扰。

使用这种方法其实也是在告诉自己,在这段时间里必须专心于计划内的事务,不接受任何打扰。

安排可以被"打扰"的时间

被"打扰"是相对于本职工作而言的,我们说保持韵律绝不是埋头单干,在保证正常工作秩序的前提下,还要安排出"被打扰"的工作时间,用于计划外事件的处理。

需要注意的是,这里的"被打扰"事件是指不在工作范畴以内,是突发事件,例如电话、临时会议、问题请教或其他事件,不要误把汇报、指导、上报、例行讨论等作为被打扰事件,这些工作应反映在工作计划中并保证按计划执行。

快速排除外来干扰

干扰的时间越长,对工作的影响力越大。所以,一旦出现意料之外的干扰,要尽快排除。

- ☐ 快速处理意外来电:快速、果断地接听工作来电,不拖泥带水;对于私人电话和推销电话等快速、有效地拒绝,减少无用电话耗费工作时间。
- ☐ 听好任务,防止事后干扰:接受工作任务时,认真倾听任务要点,确认任务关键点,减少事后干扰。
- ☐ 防止沟通干扰:对于突然来访者,要巧妙应对,礼貌而快速地排除来访者带来的干扰。

不浪费他人时间

许多人都在无意中打扰了他人的工作,浪费了他人的时间。为了避免这种情形的发生,尽量不要贸然地拜访他人。如果实在需要与他人沟通,要先了解对方的工作韵律,以免在他人忙碌时打扰。

华为高级管理顾问吴春波曾记录了任正非与之沟通的一个片段:2009年5月20日,我正参加硕士生的答辩,突然手机震动,一看显示,原来是任总打来的。任总问:"在忙什么?"告知在答辩时,任总说:"不打扰您了!"说完便挂断了电话。

这里,任正非选择了一个不够适宜的沟通时机,但在发现时机不适宜后,迅速结束了通话,暂时中止了沟通。任正非用自己的行动告诉华为员工:与他人沟通时,必须把握好时机,选择在对方方便的时间进行沟通,才能获得较好的效果。

- ☐ 了解沟通对象的工作习惯。如果对管理者、同事以及客户的工作习惯较为熟悉,了解其开始工作的时间和结束工作的时间,那么,在沟通时机的选取上将更容易占据优势地位。
- ☐ 礼貌地确认沟通意愿。如果沟通对象不愿意沟通,任何时间的拜访都是不恰当的。如果沟通对象有秘书,也可以通过后者帮忙预约沟通时间。

保障自己的工作节奏,等于保证了自己的工作效率,我们应积极确认自己的工作韵律,并在接下来的工作中保持良好的工作习惯。

▎第三节　必要的时候，学会拒绝

喜剧大师卓别林说道："学会说'不'吧！那你的生活将会美好得多！"在工作中，学会说"不"，可以减少别人的打扰，让你专注于自己觉得真正重要和有兴致的工作，从而大大提高工作效率。

接下来我们以工作中的几种角色为例，介绍在不同场合下说"不"的艺术。

◎对同事说"不"的艺术

工作中经常遇到这样的问题：一位同事突然开口，让你帮他做一件有难度的工作。你心里在想："这事很棘手，答应了，会影响自己的工作；拒绝，面子上过不去。"这种情况下该怎样拒绝呢？

先倾听，再说"不"

当同事提出要求时，先注意倾听，不要忙着拒绝。

倾听能够给他以尊重之感，当我们接着婉转地表达拒绝的立场时，可以缓解对方的不满情绪。

倾听的另一个好处是，我们可以清楚同事要求的内容。虽然拒绝了他的要求，却可以提出适当的建议，同事一样会感激你，甚至在你的指引下找到更适当的帮助。

温和而坚定的拒绝

当我们认真倾听了同事的诉说而要拒绝时，态度一定要温和而坚定。温和是发生潜在冲突的润滑剂，坚定则让自己坚守原则。

例如，当同事的要求超出自己职责范围时，委婉地说出自己的工作权限，并暗示对方：如果自己帮忙了，就会违反公司的规定；同时，要流露出爱莫能助的态度。通常，同事会想其他办法，而不会再为难你。

需要注意的是，如果无法提供帮助，不要使用"也许"或"我想想"等词语，这样会误导他人以为你答应了请求。

从对方的利益考虑

拒绝同事时，不妨站在对方的利益上考虑，往往更好。例如："这项任务对你太重要了，我需要努力才行，但时间仓促，恐怕做出的东西不能用啊。"这样，同事不仅不会怀疑你，还会对你心存一丝感激。不过为了保险起见，隔一段时间后要主动关心同事的情况。

要有耐心与关怀

拒绝的过程中，除了技巧，耐心和关怀也是非常重要的，一副急急忙忙、敷衍了事的样子，任何同事都会反感。

即便拒绝了同事，但如果能耐心倾听，流露关怀，同事也会感激你。主动关心对方可以减少因拒绝带来的尴尬与不良影响。

总之，只要真心地说"不"，总是能够得到同事体谅的。

◎对下属说"不"的艺术

全球著名领导力大师保罗·赫塞曾经说过："领导力并不是一场谁更受欢迎的竞赛。"言外之意，就是说，作为一位管理者，应当把自己的工作重心放在管理大局之上，在棘手的问题上要保持坚定的立场，拒绝采用下属提出的错误建议和不合理要求。但在拒绝下属时，应当采取适当的方式。

敢于说"不"

当你拒绝下属被追问理由时，不妨说"对不起，我想帮你但爱莫能助，你要学会独立思考"。千万不要不断地寻找理由去解释，解释越多，掩饰的痕迹就越重。

管理者要敢于说"不"，有时候下属的观点、行为并不正确，而他自己未觉察到，这时管理者更应勇敢地说"不"。

顾及下属的感受

一味地说"不"而不顾及下属的感受，会激发上下级之间的矛盾，也很难让下属心服口服。管理者在坚持自己工作原则的同时，还应维护和尊重下属的自尊，尽可能地顾及下属的感受。

让下属自己作决定

李嘉诚曾说过，"当你提出困难时，请你提出解决方法，然后告诉我哪一个解决方法最好"。属于下属职责范围内的事，要坚持让下属自己完成。当下属提出让你做决定的时候，可让下属提出几个解决方案，然后自己加以指正，这样，下属的执行能力得到了提升，而管理者本人的时间也没有被浪费。

模糊和搪塞的语言

在与他人沟通交往时，不提倡使用模糊和搪塞的语言，但是这种表达方式在对下属说"不"时却能发挥良好的效果。

用模糊的语言来拒绝下属的不合理请求，看似给了对方答复，但实质上回馈的信息却为零。例如，"这件事很难办啊"，这种表述方式虽然没有直接讲明拒绝，却将拒绝的含义表达得十分清楚。

热情应对

管理者表现出满足对方要求的热情，同时也表现出心有余而力不足的惋惜态度,请下属谅解,而非直接的拒绝。这样做在一定程度上也会得到下属的理解。

不置可否

下属对某项事情提出不合理的请求,管理者可以有意识地回避,将讨论的重点转移到其他事情上。

沉默有时就是一种否定,这样不但能够达到婉转回绝的目的,还能避免使下属感到难堪和尴尬。

转移时间

为了保证自己做要事的时间,可以不立即回复下属的请求,而是将回复安排到专门的时间段。例如"你讲得没错,但还需要详细斟酌。一时半会儿无法说清,今天下午三点你到我办公室来,我们认真讨论"。

恰当地对下属说"不",可以让管理者有足够的时间处理重要的事情,充分保障工作效率。

◎对领导说"不"的艺术

如果你对自己的上级有求必应,那么必然会让当前执行的项目拖延。遇到这类情况,我们应坚持原则,拒绝上级的不合理要求。不过,一般人对同事说"不"都不好意思,更何况是拒绝上级。对上级说"不",仅有勇气是不够的,还需要一定的技巧。

站在上级的立场

工作中,当我们向上级提出不同意见或拒绝"不合理"任务时,大多会从自己的立场出发,而很少顾及上级的意图和感受。这可能会导致我们的意见无法被上级接受。

因此,当我们准备说"不"时,首先要站在上级的立场,给其以"这并不是在反驳你"的感受。做到这点要注意以下几点。

- ☐ 说"不"时,先说"我很赞同您的意见",然后提出自己的观点。
- ☐ 大胆假设,小心论证,协助上级做出正确的决定。
- ☐ 不要当众指出上级的问题,尽量促成与上级单独沟通的机会。
- ☐ 不要迫使上级当场表态,给上级自己决定的时间。
- ☐ 拒绝上级意见的同时,要给上级一个台阶下。
- ☐ 阐述中多用"我们"一词,少用或不用"我"这个词。"我们"意味着不是针对上级本人的,而"我"的对立色彩较强。

用事实说话

工作中难免出现突发任务,遇到这种情况,先不要急于拒绝,要先确认自己是否能够完成。如果无法抽身,则要用事实说话,说明当前的工作进展。这样拒绝上级合情合理,具有较高的可行度。

将当下工作按轻重缓急编排办事优先次序表,当上级提出额外的工作要求时,可展示该表。这样做有以下两个作用:

☐ 优先次序表已经排满,如果上级需要安排额外工作,则要推迟原有部分工作,以便上级考虑撤销它或另找他人;

☐ 额外工作十分重要,不得不做,上级可能撤销或延缓一部分原有工作,以处理当下的额外工作。

对上级说"不",需要讲究方式、方法。如果能够找到恰当的场合、把握恰当的时机、把持恰当的态度进行交流和沟通,说"不"就不再是难事了。

◎对客户说"不"的艺术

客户各种各样的要求会极大地影响工作效率,例如产品流的前端设计、研发。客户的一个小改动,可能就要重新设计和验证。

此外,公司为了单纯满足客户的要求,还会给予很多的口头承诺,而这会造成一些"后患",客户把合同外的事项也认为是我们的事,久而久之,只能疲于应付。为此,我们应学会对客户说"不"。

选择有利的地点

心理学家拉尔夫·泰勒曾经做过这样一组实验,他将一群大学生按照支配能力的高低分为上、中、下三等,即支配能力最高的、影响他人能力最强的学生被分为上等,依此类推。随即这些等级的学生被分成若干小组,不同等级的小组进行两两自由组合参与讨论,讨论的主题是在十个预算削减计划中挑选一个最佳方案,讨论地点在不同的学生寝室里。

结果表明,学生讨论的结果总是按照寝室主人的意见行事。例如,在一个低支配能力学生的寝室所开展的讨论,即使参加讨论的另一方是高支配能力的小组,最后的结果也是寝室主人的意见,而与支配能力高低基本无关。

由此可见,谈判地点的选择对谈判结果有着至关重要的影响,一个人在自己熟悉的环境中更有自信和权威,话语也更有说服力。这个实验告诉我们,在对客户说"不"时,要尽量选择对自己有利的谈判地点。

严格执行合同

严格按合同规定执行,杜绝例外之事,从源头上杜绝客户不合理的要求。

即使客户不愿意,也只能遵守。不过在沟通中,要充分尊重客户,语气要充满歉意,说明自己的难处。当然,对于一些顺手就可以完成的工作,也可以送客户一个人情。

主动认错法

客户可能出于某些原因对我们的设计存在不满,要求修改,但其中包括其他方面的内容。此时我们要主动承认错误,并提出改进的具体建议,对于客户的额外要求则不能让步。需要指出一点,承认错误要在客户责问之前,这样客户就不可能理直气壮地提出其他要求了。

直接分析法

直接向客户陈述拒绝的理由,但一定要以客观事实为依据,包括社会条件限制等。通常,面对这些状况,客户也能认同,较能理解我们的苦衷,进而可能放弃原有要求。

巧妙转移法

有些时候,直接拒绝会产生不好的影响,尤其是面对老客户的时候,他们会认为自己没有受到重视。遇到这种情况,要采取迂回战术,如转移话题,另找理由。不论哪种方式,宗旨是:认同客户——语气转折——提出拒绝理由。因为先前客户在心理上因你的认同而拉近了彼此的距离,谅解也就成为可能。

不用开口法

有些时候拒绝不需要说出来,用肢体语言会更有用。一般,摇头代表否定;另外,微笑中断也是一种暗示,突然中断笑容,便暗示着无法认同。类似的肢体语言包括采取身体倾斜的姿势、频频看表、双眉紧锁……但不论哪种,在客户面前不能表现出不屑、无所谓的态度。

拒绝不是一种被迫的防卫,而是一种主动的选择。当然,拒绝是一把双刃剑,使用不当就会使双方受到伤害,这就需要我们不断探索,谋求更好的解决方式。

第七章

化繁为简，优化工作流程

工作中需要有持续改善的精神。通过简化工作，改善流程，获得最佳的工作模式，以使我们能够按照流程和标准快速、高效地执行工作。

▌ 第一节　效率是设计出来的

高效率是做出来的,但它首先应该是设计出来的。任何工作的高效执行都需要事先做好设计与规划。没有好的设计与规划,不仅会增加后期的执行难度,还可能导致"做得越多、错得越多"。

◎用流程提升效率

著名数学家华罗庚在其《统筹方法》中有这样一个例子:通常人们起床后总是喜欢先洗漱,再取杯子放茶叶,最后才烧水泡茶喝,这样看起来是符合常理的,但总是会用去你很多时间。倘若你起床以后首先选择烧水,然后再做洗漱、放茶叶之类的事,虽然工作量相同,但时间却极大地缩短了,工作效率也提高了。

如果我们能够像《统筹方法》中所举的例子一样,在项目开展前仔细考虑,然后合理安排工作流程,不仅不会耽误做事的时间,反而能提高工作效率。

按照流程做事,看上去缓慢、琐事不断,实则将每一个细节都落实到位,最后工作自然水到渠成。

> 2008年,华为由于某产品版本规模较大,维护工作进行缓慢,产品还需要频繁升级,客户投诉不断。产品线所在部门决定从组织流程等方面彻底进行根治:对内,划分"责任田",让开发、系统设计、方案解决、市场营销等岗位的人员各司其职;对外,安排骨干员工对客户进行跟踪服务,倾听客户的需求、意见和抱怨,并上门给客户道歉。经过一系列流程、规范的"倒梳理"之后,该产品线真正明确了内部责任、各流程之间也能很好地衔接,工作简化了一半,仅数字通信芯片的量产周期就提升了50%。

华为的某款产品维护工作缓慢,正是由于缺少良好的工作流程造成的,无序的状态让工作人员的工作毫无章法,通过对整个过程进行"倒梳理"之后,找到并规范了维护流程,这一举措大大提高了工作效率。

也正是基于流程的重要性,华为等成功企业都考虑从理顺流程入手来提高工作效率。在《华为人报》中曾有这样的论述:

> "我们正在强化业务流程重整的力度,用ISO9001来规范每一件事的操作,为后继的开放式网络管理创造条件;用MRP Ⅱ管理软件

将业务流程程式化，实现管理网络化、数据化，进而强化我们公司在经营计划（预算）、经营统计分析与经营（经济）审计的综合管理。

"为了使工作流程缩短，支持准确度增加，工作效率大幅度提高，我们还建立了开放的多层、多级专业管理平台，确保公司经营活动的迅速展开。每一个平面的责任中心，分工明确，责任清晰。通过多级责任中心的协调配合，建立起开放的管理平台。无论何时何地任何级别的员工，都会及时地、最直接、快捷地得到支持。"

标准化的、切实可行的流程，是企业、员工的各项计划、工作得以顺畅完成的必要条件。

◎流程要适应环境

流程设计如果忽视了对业务环境的适应性，为了实施流程而进行流程管控，那么与人为制造浪费毫无二致。其实，流程设计的最大价值就是建立起规范而畅通的管理秩序，以此来间接地提高工作效率。

> 在香港的物流中心葵涌，永得利公司门前不远处有一个路口，曾有游人仔细研究了路口的红绿灯。红绿灯的控制系统设置在路口两端，通行的人只需按一下控制键，等指示灯由红转绿，即可通过。这种原始的手控红绿灯现在已经很少见了。
>
> 这个路口南北向的路是葵涌最主要的物流通道，车辆川流不息；东西向的路行人较多。人群高峰出现在上下班时间。平时，尤其到了晚上，很少见到人的踪影；南北通道基本上 24 小时车流不断，此时手控红绿灯的优点就体现出来了：既满足了上下班时行人过路（东西路）的需求，又使得货车不至于在空无一人的路口（南北路）等待。

这个案例的启示是：流程设计不应陷入追求精美的陷阱，而要考虑它的实用功能，这样才能起到事半功倍的效果。

一个好的流程对工作效率的影响力是巨大的。去过香港的人会发现香港的地铁换乘很方便。香港地铁线路如图 7-1 所示。

从图 7-1 可以看出，在很多线路交汇的地方，两条线路会并行走 2 或 3 站（如图中虚线框处）。这个设计使得乘客在换乘时充分得到分流，滞留时间大大缩短。这些站点通常是最繁忙的，但并行效益也很高。此外，很多站台不用离开，转身就可以换乘，十分方便。

由此可见，恰当而实用的流程设计，可以为人们带来很高的效率和价值，我们在设计流程时应谨记上述两个案例的启示。

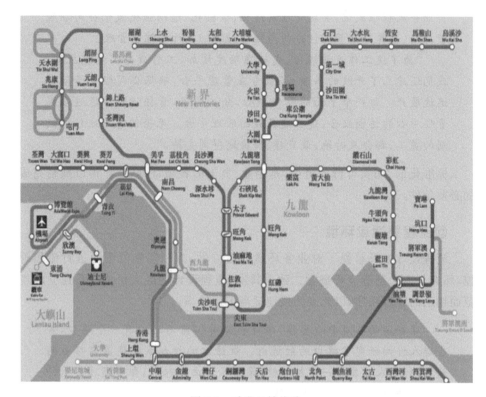

图 7-1　香港地铁线路

◎工具：流程图

流程图又称过程流程图、服务流程图,是按照一定顺序描述过程各环节的图表。它依次展示操作,包括输入或输出系统的材料、服务、决策、相关人、每个环节的时间、过程措施等。其用途改善已有流程、交流、指导过程进行、计划项目等。流程图一般包括概略流程图、自上而下流程图、详细流程图三种。

概略流程图

概略流程图因为仅对过程的主要步骤进行描述,概括性极强,所以被称为概略流程图。概略流程图一般用于会议、口头沟通,简单易懂。以华为 MM(市场管理)为例,其概略流程图如图 7-2 所示。

理解市场 → 细分市场 → 组合分析 → 市场计划 → 产品线规划 → 执行/监控

图 7-2　市场管理概略流程图

概略流程图的绘制和使用步骤如下。

① 确定讨论过程所涉及的范围。例如,从哪里开始;到哪里结束;步骤细致到什么程度等。

② 利用头脑风暴法找出过程中发生的主要步骤,并记录下来。

③ 将记录下来的步骤分类整理,并按顺序排列。

④ 检查所列步骤是否能够代表过程中的环节。

⑤ 书面整理、绘制流程图。

需要注意的是,概略流程图反映了某一个过程的主要环节,因而其步骤一般限制在 6 步以内。如果在实际绘制中超出此范围,则要考虑是否包含了过多的细节。此外,概略流程图只使用箭头和方框作为标志。

自上而下流程图

自上而下流程图展示了一个过程或一个项目的重要步骤及其第一层子步骤。

同样以华为市场管理为例,其自上而下流程图如图 7-3 所示。

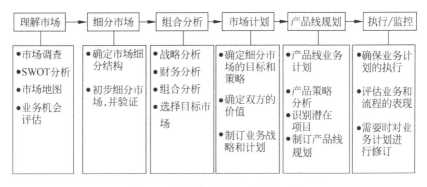

图 7-3　市场管理自上而下流程图

自上而下流程图的绘制和使用步骤如下。

① 确定讨论过程所涉及的范围。例如,从哪里开始;到哪里结束;步骤细致到什么程度等。

② 对第一个主步骤采用头脑风暴法生成子步骤,一般子步骤不超过 6 步。

③ 确定子步骤的顺序是否正确,如果正确,则用水平箭头将主步骤与下一个主步骤连接(如图 7-3 所示)。

④ 重复步骤 2,直至最后一个主步骤的子步骤完成。

⑤ 检查流程图,可寻求他人的帮助,无误后投入使用。

自上而下流程图反映一个项目的整个过程,可以减少资源浪费和降低过程的复杂性。

详细流程图

详细流程图是更为详细的子流程,是对自上而下流程图中某些步骤更进一步的标识。以华为市场管理中市场调查为例,其详细流程图如图7-4所示。

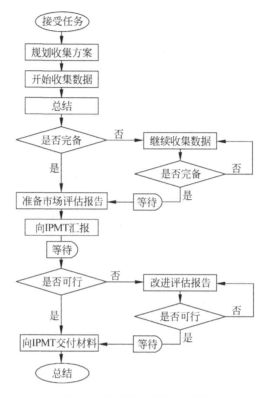

图 7-4 市场调查详细流程图

说明:IPMT(Integrated Portfolio Management Team,集成组合管理团队)是华为的产品投资决策和评审机构,负责制订公司总的使命愿景和战略方向,对各产品线运作进行指导和监控,并推动各产品线、研发、市场、销售、事业部、服务和供应链等部门全流程的协作,制订均衡的公司业务计划。它是一个高层跨部门团队,成员包括各个部门最高主管。

详细流程图的绘制和使用步骤如下。

① 确定讨论过程所涉及的范围。例如,从哪里开始;到哪里结束;步骤细致到什么程度等。

② 找到关键环节,并用简洁的词语描述。

③ 确定子步骤的顺序是否正确,如果正确,则用水平箭头将上下步骤连接(如图7-4所示)。

④ 当过程中出现了问题、审批或纠正等环节,添加所需步骤。

⑤ 绘制完成后,可共同讨论,无误后按此步骤执行。

需要注意的是，详细流程图的绘制要求用统一的符号，以保持风格统一和易于观看。绘制详细流程图时常见的符号及其说明如表 7-1 所示。

表 7-1 常见的符号及其说明

符号	说　　明
⬭	表示流程开始或结束
▭	表示过程中的一个步骤
⟶	表示从一个环节到另一个环节
◇	表示针对问题的决策
◗	表示等待或延误

在使用流程图时，可以先确定概略流程图或自上而下流程图，然后挑选其中关键步骤转变为一个详细流程图，没有必要将整个流程的环节画流程图。

通过流程图可以起到事半功倍的效果，同时还能够发现不增值的作业，进而及时消除，不断提高效率。

第二节 简化工作,优化流程

复杂的流程不仅会使员工疲惫,而且还会使企业陷入低效率的境地。若将化繁为简的工作方法应用于流程管理,让各个环节变得简单,那么任务完成时间将大大减少,失误率也会空前下降。

◎任何时候都要关注简化流程

崔西定律指出:任何工作的困难度与其执行步骤的数目平方成正比。例如,完成一项工作有 4 个步骤,则此工作的困难度是 16;同理,完成一项工作有 5 个步骤,则此工作的困难度是 25。由此可见简化工作流程的必要性。

当工作中设置了过多流程控制点,冗余的环节就会阻碍信息上下、平行间的传递,在降低工作效率的同时,也会磨灭员工的热情。

> 华为一位中层管理者指出:"我现在最大的爱好之一,就是分析工作流程的网络图,每一次若能去掉一个多余的环节,就少了一个工作延误的可能,这意味着大量时间的节省。这两年来,我去掉的各种冗余工作环节达 70 个,粗略评估一下,省下的时间高达 3000 多个小时,也就是 120 多天啊!"

对华为的此种状况,任正非曾在一次市场庆功及科研成果表彰大会上发表讲话。他要求"员工参加管理,不断地优化从事工作的流程与工作质量……改革一切不合理的流程"。自此,员工们开始着手对不合理的流程进行变革。通过流程改革,华为在各方面取得了长足的进步。以接待客户为例,华为的速度、流畅度、精确度堪称世界一流。

> 杭州的某电信局局长前往华为总部考察,华为组织客户接待。
> 子:办事处秘书。填写客户接待的电子流。地点:杭州。
> 丑:办事处会计。申请销售人员出差备用金。地点:杭州。
> 寅:客户工程部接待人员。打电话确认电子流中行程安排。地点:深圳。
> 卯:司机、接待人员。机场接机,安排住宿。地点:深圳。
> 辰:系统部职员。打电话与销售人员确认接待事宜及注意事项,并且安排我公司接待领导。地点:深圳。
> 巳:公司经理 A。宴请客户。地点:深圳×酒店。

午：公司总台。打出电子屏幕：欢迎×局长。地点：总公司。

未：公司经理 B。介绍华为的产品规划。地点一：公司×会议室。地点二：产品展示厅。展厅人员 A：负责讲解移动产品；展厅人员 B：负责讲解传输产品；展厅人员 C：负责讲解宽带产品。

申：生产部人员。带领客户参观生产部。地点：深圳×工厂。

酉：人力资源部副总：介绍华为企业文化；财务部副总：介绍华为的财务管理。地点：公司×会议室。

戌：公司副总。设宴送行。地点：深圳×酒店。

亥：客户工程部。安排车辆、游玩等。

面对接待任务，华为迅速组建了 20 多人的团队直接为客户服务。期间，将客户接待流程织成一张大网，各项工作环环相扣，任务连着任务，整个流程"顺其自然"，没有一个多余的环节。

复杂化对工作而言没有任何价值也不会起任何作用，一切都要简化，简化流程，并聚焦于主业务，只做少量最重要的事，其他的全部放弃。

◎工具：ECRS 分析法

运作快速而高效的流程必然是精简的流程。流程参与者必须学会使用 ECRS 分析法，对流程加以精简。所谓 ECRS 分析法，即取消（Eliminate）、合并（Combine）、重新排序（Rearrange）、简化（Simplify）。

取消

任正非认为，取消流程中的冗余环节，是优化工作程序、提高工作效率的第一步。

> 任正非越来越认识到伴随着华为的迅速壮大，在一线上风尘仆仆、艰苦奋斗的员工渐渐失去了当年创业时的激情、进取心。他发现：企业大了，设置的流程也多了，控制点已不计其数，这些冗余的环节阻碍了上、下、左、右间信息传递的流畅性，降低了员工工作效率。2009 年，任正非向华为全体员工发出指示：让一线直接决策！

过多的控制点增加了工作内容的烦琐程度，使人们的精力过多地纠缠于流程建设上，忽略了工作本身，这种舍本逐末的行为，让执行工作变得更加困难。任正非发出让一线员工直接决策的指示，意在削减中间层，使信息传递更为迅速，这有利于提高各方面的效率，更好地抓住稍纵即逝的商机。

在取消冗余环节之前要注意的是，对于有良好内部控制环境的，可以考虑"取消"某些程序，前提是不要影响控制目标的实现；反之，则要对"冗余"环节进行改良。

合并

合并是指将两个或两个以上的事务/环节合为一个。合并的作用在于化零为整、叠加优势。在华为,如果工作环节不能取消,管理者或员工会转换思路,适当合并一些环节。

① 工序、工具的合并。很多情况下,各个环节之间的生产能力不平衡,忙闲不均,将这些环节加以调整和合并,能够去劣存优。

② 合并上下环节。将一项任务的多个环节分别交给几位执行者,可以加快作业和信息流的速度。但从上一个环节到下一个环节的交接过程,也可能发生错误。如何避免呢? 在华为,通常指定一位员工负责一个产品或服务的全过程(从下订单到发货或服务开始至结束),这位员工是客户(内部或外部)与企业的单一接触点。

③ 合并相似的环节。将任务相同或相似的环节并轨,能最大限度地减少人力和时间的浪费。

重新排序

工作流程反映了工作内容的复杂程度,流程中的环节可能只有几个,也可能数以百计。如果各环节排序不当,将给工作带来极大的影响,常见的就是导致工作进度延迟。

重新排序是将所有作业环节按照合理的逻辑重排顺序,或改变其他要素顺序后,使各环节重新组合,继而提高工作效率的方法。我们该如何重新排序呢?

① 衡量各环节的合理度。华为通过"何人"、"何处"、"何时"3 个问题来确认流程中各个环节的安排是否合理。一经发现不合理之处,立即推倒重来,以使各个环节保持最佳的顺序。

☐ 何人:该环节由谁操作? 操作技能是否娴熟? 是否存在岗位与员工能力不匹配的现象? 如果让熟悉第一环节工作的员工从第二环节调回,可以节省多少时间?

☐ 何处:各环节的操作场所之间距离如何? 是否便于工作交接? 调整设备仪器的摆放位置后,操作者使用起来是否更方便、时间更短?

☐ 何时:时间安排是否过于紧凑,使员工紧张、疲劳? 或过于宽松,不能在交期前完成任务?

② 理清逻辑顺序。工作中各环节排序不合逻辑,将造成工作秩序的极大混乱。我们可以从以下两个方面判断环节安排是否符合逻辑、是否清晰。

☐ 是否等待:一个环节完成后,员工是否需要等其他环节结束后,才能进入下一个环节?

☐ 是否混乱:员工执行一个环节时,是否需要下一个环节完成结果的辅助？

一旦出现等待或混乱的状态，必须进行调整，方法有以下两个。

☐ 减少等待：了解各环节完成的时间，提前处理被等待的环节，保证各环节不必被等待。

☐ 避免混乱：了解各环节之间的联系，分清哪个环节应在前、哪个环节应在后，确保前一个环节结束后，后一个环节才能开始。

简化

对于一些复杂的环节，可以借助一些现代化的管理手段和理念进行简化，如信息技术、以顾客为导向进行决策等。

以数据采集、数据传送为例，华为采用机器代替部分人力数据采集工作，降低了人为差错率；而自动化的数据传送，避免了对已经存在于一个系统里的数据的重复录入。这些做法极大地节省了工作时间。

实际上，只要是复杂的流程，都可以用精简的方法进行改善。借助 ECRS 分析法，可以优化工作流程中的每个环节，使流程由复杂变得简单。

◎工具：5W1H 分析法

5W1H 分析法也叫六何分析法，是一种思考方法，更是一种创造方法。"5W"是指谁（who）、事件（what）、时间（when）、地点（where）、原因（why），"1H"是指如何（how）。5W1H 分析法可以帮助我们分析当下进程，发现改进机会；定义问题、陈述报告；制订项目进度计划；完工后对项目进行评价。

要使用 5W1H 分析法，首先要理解 5W1H 分析法的内容（如表 7-2 所示）。

表 7-2　5W1H 法的内容

5W1H	常用的提问方式	改　　进
谁	由谁来完成？ 还有谁应参与进来？ 谁不应参与进来？ 由谁批准？	还需要一些人加入吗？ 参加的人可以减少吗？ 批准的人可以减少吗？
事件	要做什么？ 需要什么？	每个步骤都是必需的吗？ 某些步骤可以简化掉吗？
时间	任务什么时间开始？ 任务什么时间结束？	该任务是否可以放在其他时间段执行？ 可以缩短完成时间吗？
地点	任务在哪里完成？	在其他地点可以完成吗？
原因	我们为什么要做？	它能减少吗？ 其他人可以做吗？
如何	如何做？	有更好的执行方法吗？

使用 5W1H 分析法时,可以参考表 7-2 中列出的问题进行提问,问题顺序可以自行确定,但要保证每个问题都有正确的回答。接下来我们针对 5W1H 分析法的不同用途说明其具体使用方法。

☐ 规划项目:通过问题和答案制订计划。

☐ 寻找改进机会:通过问题或答案对可能的变化再次进行提问。

☐ 界定一个问题:通过问题和答案分析原因。

☐ 评估项目:通过问题或答案对更改、扩大或标准变化进行再提问。

☐ 报告或陈述:各项问题要明确地显示在文本中。

需要注意的是,表 7-2 显示了 5W1H 分析法常用的问题,但千万不要让这些固定的问题限制了你的思维。

5W1H 分析法只提供了每一个问题的类型,具体的问题还需要我们自己去寻找。例如,一家电子商务公司计划提高配送速度和质量以吸引客户,它们使用 5W1H 分析法进行了一些细节分析,其结果如表 7-3 所示。

表 7-3　5W1H 分析法示例

5W1H	问　　题	回　　答
谁	谁将要订货? 谁接订单? 由谁来选货? 谁应送货? 还需要一些人加入吗?	白领、自由职业者、学生 网上平台 仓库拣货员、分拣员 配送员 需要,重要节日来临
事件	客户下单的产品是什么? 提供怎样的服务?	电子产品,有货 送货上门
时间	任务什么时间开始? 什么时间送达客户? 是否可以在其他时间完成? 可以缩短完成时间吗?	客户下单后 翌日上午 12 点之前 可以,天气原因,征得客户同意 可以,分阶段、分区域、集中配送
地点	配送范围有哪些?	××大街,本区域正好有 3 个订单,可以一同配送
原因	为什么要从我们这里订?	网络购物方便,送货快
如何	如何提高送货速度? 如何确保送达时客户在? 如何处理大量订单? 如何吸引客户?	提高出货速度、增加人手(忙时)、集中配送 设计送货提示系统,配送员送货前咨询 引入电子信息系统 优惠券、开通客户评价、折扣、团购优惠、免费配送

从表 7-3 可以看出，这家电子商务公司通过使用 5W1H 分析法，找到了需要改善的环节和方法，这将有助于它们提高工作效率。我们在使用 5W1H 分析法时，应采用头脑风暴，多想想可能出现的问题，并就问题进行回答。

◎工具：5WHY 分析法

5WHY 分析法起源于日本丰田公司，是一种诊断性技术，用来识别和说明因果关系链，以找到问题根源。

丰田汽车公司前副社长大野耐一曾举了一个例子来找出停机的真正原因。

问题一：为什么机器停了？

答案一：因为机器超载，保险丝烧断了。

问题二：为什么机器会超载？

答案二：因为轴承的润滑不足。

问题三：为什么轴承会润滑不足？

答案三：因为润滑部位失灵了。

问题四：为什么润滑部位会失灵？

答案四：因为它的轮轴耗损了。

问题五：为什么润滑部位的轮轴会耗损？

答案五：因为杂质跑到里面去了。

经过连续五次不停地问"为什么"，大野耐一找到了问题的真正原因和解决的方法，在润滑部位上加装滤网（避免了只是更换保险丝的情况）。

5WHY 分析法实施的核心部分

分析造成问题的原因之前，回答下面问题（以华为产品发布为例）。

① 我知道什么？

（版本延迟了）

② 实际发生了什么？应该发生什么？

（版本延迟/本应提前一个月发布）

③ 关于这个问题我还知道什么？

（好像有些部门没有按进度交付，导致集成拖延；此外突发事件太多）

④ 我需要去哪里？我需要看什么？谁可能掌握更多的信息？

（我需要检查一下工作流程，看看各项工作，同时向相关部门了解一下）

⑤ 谁负责这个环节？什么时间发生的？频率多高？

引发一个问题的原因很多，哪个是最关键的，要从问题引发者的实际状况出发；同时结合事物的实际规律（最终目标、不可逆性）判断。

确认问题发生的直接原因

如果原因是可见的,分析者则需要对之加以验证。如果原因是不可见的,则要考虑潜在原因并核实可能性最大的原因,继而依据事实确认直接原因。

① 为什么版本延期?

(时间不够用)

② 为什么时间不够用?

(突发事件太多)

③ 为什么突发事件太多?

(发生了不必要的失误/老系统不定期维护)

④ 为什么会出现失误?

(缺少系统的计划/和预先规划)

建立因果关系链

通过使用5WHY分析法建立一个通向根本原因的原因结果关系链。问:处理直接原因会防止问题再发生吗?如果不能,我能发现下一级原因吗?如果不能,我怀疑什么是下一级原因呢?我怎么才能核实和确认是否是下一级的原因呢?处理这一级原因会防止问题再发生吗?通过建立因果关系链,就可以比较容易地找到发生问题的根本原因。

▌第三节　养成规范化的工作习惯

规范化的工作习惯将会影响一个人工作中的方方面面。它能使工作流程得到不断优化，形成企业的核心资源与长期竞争优势，并使个人的工作效率得以提升。这对个人和整个团队而言都是大有裨益的。

◎李嘉诚的秩序化工作习惯

高效的工作有赖于秩序的维系。秩序对人形成一种内在约束，在这种条件下，人们能够强化自身行为，传递压力，实现效率上的提升。

　　香港长江实业集团有限公司董事局主席李嘉诚，在他的工作习惯中，规律性作息时间为众人所敬佩。

　　不论他前一天晚上几点睡觉，总会在第二天 5:59 闹铃响后起床。然后，听新闻、看报纸、打高尔夫，接下来到公司上班。

　　每天，李嘉诚的办公桌上都会收到一份当日的全球新闻列表，而他会根据题目列表选择希望完整阅读的文章。这些行业报道，是启发他思考的重要渠道。

　　他喜欢开会讨论改变公司可能存在的弱点，在会议上，他听取每个汇报的时间都不超过 15 分钟。

　　一般情况下，李嘉诚每天会在六点准时下班。回到家之后，除了与家人聊天外，他还会例行功课：晚间阅读。在时间规划上，李嘉诚有自己的安排，尽可能让作息秩序化，并一直坚持。

李嘉诚每日的作息十分规律和固定，通过长期的坚持已经成为一种秩序，在这个秩序下，李嘉诚每日按部就班，工作和生活安排得井井有条，丝毫没有忙乱感。

李嘉诚每天 5:59 闹钟一响，立刻起床，没有任何的拖延。养成良好的时间管理观念，能够让人勤奋、有毅力，拒绝懒散，做事更有效率。

此外，李嘉诚每日读早报、用 15 分钟时间听汇报，这些都是良好的工作习惯，专时专用，绝不浪费一分钟时间，保障了高效地工作。

这种秩序化的工作方式值得我们学习和借鉴。

◎**华为的规范化工作流程**

规范是效果和效率的保证,能对工作中的疏漏进行有效防范。因此我们必须高度重视工作中的各类规范,严格按各项规范和制度执行。

华为的一位主管在印度招聘软件工程师时,有这样一个故事:一位主管用同一道编程题在不同场合考了六名应聘者。结果令他惊讶的是,六名印度软件工程师所给出的答案不仅在编程风格、结构上完全一样,而且长度也一样。而如果是国内,六个人可能有六种答案,主管不由叹服印度的软件规范化水平之高。

印度工程师明显接受了规范化的工作流程管理,不论是谁,编程模式必然相同。这种规范化的工作流程对工作具有重要意义。

华为内部的一篇《标准不是一纸空文》的文章,对华为不遵从流程和标准的不规范化行为提出了批评。

作为个别用户,您也许体会不到标准有多么重要,但作为一个大型制造企业的内部 IT 热线中心,我们深深感到制定和推行标准的必要性和紧迫性。当今,信息技术迅猛发展,产品换代日益加快。像我们这样拥有一万多名员工的大公司,如果计算环境不实施标准化,各部门或个人的硬、软件平台全都根据自己的需要进行选择和配置,势必五花八门。那么一旦有人遇到故障,很难想象能够寻出一位"全能技术好手"来应对它,即使是整个 IT 热线中心倾城出动,也未必能够应付这些千奇百怪、毫无规律的软件、硬件故障,更谈不上经验积累了。

可见规范的工作流程的重要性。华为从 IBM 引进一整套严格的管理系统后,逐渐形成了自己的工作流程。

华为采用集成开发模式,其核心部分为 IPD。一般的,IPMT 负责项目的启动。产品的具体开发交由 PDT 进行。IPD 运作十分复杂,我们在这里通过模型简要介绍其运作过程及方法。IPD 流程模板如图 7-5 所示。

IPD 是集成产品开发,即首先将产品开发分为六个关键阶段(概念、计划、开发、验证、发布、生命周期),这六个阶段反映了一个产品开发所要求的全过程;然后将所有功能部门纳入这六个阶段中,并在其中发挥相应的职能,也就是全员参与全过程管理。这与传统的产品开发,单纯的实验室设计相比,更有竞争力。

以上是 IPD 的整体运作理念。接下来我们以"概念"阶段阐述 IPD 应用流

IPD流程模板						◆决策点 ▲里程碑 □内容更新 TR技术评审	
阶段 功能	概念	计划	开发	验证	发布	生命周期	
IPMT(产品委员会)	◆ 任务	◆ 任务	任务	任务	◆ 任务	任务	
PDT(项目经理)	▲ 任务	▲ 任务	▲ 任务	任务	任务	▲ 任务	
财务	任务	任务		任务		任务	
系统设计	▲ 任务 TR	▲ 任务 TR	任务				
开发		任务	任务	任务			
技术支持	任务	任务	任务	任务			
制造	任务	任务	任务	任务	▲		
采购	任务		任务	任务	任务		
市场营销	任务	任务	任务	▲	任务 ▲		

图7-5　IPD流程模板

程。IPD之"概念"阶段流程模板如图7-6所示。

我们在这里介绍了IPD中，"概念"阶段流程的一部分，旨在说明华为IPD是如何展开的。了解IPD除了图7-6以外，还需要参考图7-5以及第二章第二节华为项目掌控的案例。图7-6说明如下。

　　□ 各领域代表同步工作，对处于同一时段的任务，以实线框住，意味着需要重点关注。

　　□ 使用统一风格的流程标志，流程标志详见本章第一节流程图绘制方法。

　　□ 每个环节(任务)都有编号，如××10，遇到需要生成文件的环节，在对应下方标注文件名，并编号，如××10-01。

　　□ 不同领域代表的任务处于同一阶段时，其任务编号相同，所生成文件编号顺延。

IPD在流程化的基础上，对各环节进行规范化、标准化、表单化和数据化，并以模板的形式表现出来，同时生成各种文件，便于员工学习和开展业务。

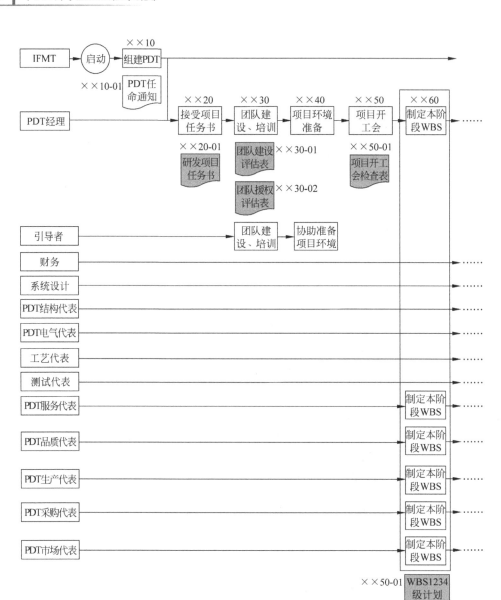

图 7-6　IPD 之"概念"阶段流程模板

◎先僵化，再优化，后固化

1998 年 8 月，华为与 IBM 公司正式启动了 IPD（集成产品开发）项目。在引进 IBM 的 IPD 之前，华为基本上没有研发计划，通过高层指示直接进行研发，缺乏系统的流程指导。然而，正如哈佛大学教授约翰·科特在《变革之心》

一书中所说："变革最大的阻力就是组织内部原有的观念。"在实施 IPD 时阻力非常大。

为了坚决推行 IPD,任正非说道："IPD 关系到公司未来的生存与发展,各级组织、各级部门都要充分认识到它的重要性,通过'削足适履'来穿好'美国鞋'的痛苦,换来的是系统顺畅运行的喜悦。"

简言之,华为在学习先进流程管理方面的方针是:先僵化,后优化,再固化。

先僵化

任正非是从发展的角度看待先僵化的:"现阶段还不具备条件搞中国版本,要先僵化,现阶段的核心是教条、机械地落实 Hay 体系"。

> "5 年内不许你们幼稚创新,顾问说什么、用什么样的方法,即便认为他不合理也不许你们改动。5 年之后,把人家的系统用好了,我可以授权你们进行局部的改动。至于结构性的改动,那是 10 年之后的事情。"

任正非要求华为人在最初的三年里以理解消化为主,之后进行适当的改进。也就是说华为员工在第一阶段必须"被动"、"全面"地接受引进的管理技术,直到对整套系统的运行有深刻的理解和认知以后,才能进行调整优化,最后形成适合华为人的管理方法。

后优化

僵化是有阶段性的。僵化是指一种学习方式,但僵化并不意味着僵死。任正非强调说:"我们必须全面、充分、真实地理解 Hay 公司提供的西方公司的薪酬思想,而不是简单机械地引进片面、支离破碎的东西"。可见,辨证地看待僵化是极其重要的。

> 任正非也以与 Hay 公司的合作为例,讲到:"当我们的人力资源管理系统规范了,公司成熟稳定之后,我们就会打破 Hay 公司的体系,进行创新"。这就是说,经过僵化阶段过后,便可进入优化阶段。

任正非认为,当企业上下有了这样良好的思维和行为模式,优化就会成为一种企业文化,持续的管理进步就有了保证。

再固化

创新如果没有规范的体系进行约束,就会是杂乱无章、无序的创新。学习应象垒砖一样,一层层垒上去,一步步固化其创新和改进成果。

虽然从表面上看来,人们应该重视变化和创新,但实质上更应重视固化和规范。优化之后再固化,这是企业和个体取得进步的重要一环。

华为的发展实践证明,任正非提出的"先僵化、后优化、再固化"的方针是最为明智的选择。

2003 年,随着数十位 IBM 专家撤离华为,华为的业务改革项目也暂时告一段落,华为也成为由一支 IT 骨干支撑的、能够集中控制和分层管理相结合的、快速响应客户需求的楷模。随着华为规模的日益扩张,先前受到内部反对的 IPD 系统也展现了它的优越性。

通过僵化式学习、优化式创新、固化式提升,来促进企业管理水平的改善,这是华为的管理进步三部曲。当然,这还应该是一个不断循环的过程,这样才能确保企业管理的持续进步。

◎工具:标准作业指导书

标准作业指导书(SOP)就是将某一事件的标准操作步骤和要求以统一的格式描述出来,用来指导和规范日常的工作,其具有强化自我约束力、预防与减少失误;提高工作量化程度、使高标准工作常态化、提供改善的基础等作用。

为了确保食品的安全和卫生,麦当劳对员工洗手清洁的环节都做出了明确的规定。麦当劳的操作手册中对洗手有这样的规定:

① 用清水打湿双手;

② 在手上涂抹杀菌洗手液;

③ 双手揉搓至少 20 秒;

④ 清洗手指之间、指甲四周、手臂直至手肘部位;

⑤ 用清水将上述部位彻底冲洗干净;

⑥ 用烘手机烘干双手。

所有的麦当劳餐厅中都安装了定时洗手系统,让员工达到洗手标准,这样就可以大大降低双手污染带来的潜在食品污染。而详细地规定洗手的过程并非多此一举,而是让洗手的程序更加明确,增强食品安全保障的可操作性。

在日本的吉野真由美女士自组建业务组织后,在五年内就使销售额扩大了 20 倍。公司聘用的都是没有销售经验的家庭主妇,但她们很快就成为活跃业界的金牌业务员。之所以取得成功,要从吉野女士"销售业务推行模式"说起。

吉野女士将自己与客户沟通过程录制成影片,并用字幕将一些销售技巧标识出来,不断重复播放给业务员看,并让她们反复练习。这种方式让"家庭主妇们"把销售技巧和沟通方法深深地印在脑海中,从而能熟练地掌握各种实用的销售技巧。

吉野女士的部下掌握了一套操作性极强的业务推行模式,不但可以在销售的过程中知己知彼，而且可以在任何工作场合使用这一模式。这大大加强了推销的力度和广度。在华为，不同的部门、不同的职位员工也有着各自的 SOP。华为工程师 SOP 内容如表 7-4 所示。

表 7-4　华为工程师 SOP 内容

部门		岗位		编号		作成日期	
一、工作描述（略）							
二、职责							
负责工程的现场实施工作； 负责现场与局方交流沟通； 负责向项目经理、技术负责人汇报工作内容及进度等；							
三、工作程序							
1. 现场实施的前期准备							
与技术负责人交流，了解项目具体内容、技术特点和注意事项； 检查工程技术文档，发现问题应及时上报，并提出修正意见； 按照工程技术文档配置要求，准备服务器、路由器、接入服务器等设备的配置文件； ……							
2. 工程现场实施							
到达工地后，先同当地局方工程负责人、节点负责人交流，明确工程联系人、工作配合人员以及文档的签字人员等； 向局方人员讲解节点施工/割接的内容、实施方案以及时间安排等； 勘查机房条件，同局方商定具体实施方案、时间、步骤等； ……							
四、注意事项（略）							
五、技术实施规范（略）							
六、工作报告与技术总结							
工程师完成工程施工任务或单项工作任务后，填写工作报告，以书面形式向项目经理和部门经理汇报； 工程初验后，对技术负责人布置的工程中专项技术总结文档，及时编写，并上交技术负责人。							
审批：							

表 7-4 反映出的 SOP 内容包括岗位人员的工作描述、职责、工作程序、注意事项、技术实施规范、工作报告与技术总结六大部分。

如果每一个企业中的管理者都能够为执行者提供详尽的执行指导手册，那么大幅度提升业绩或改善作业效率是完全可以实现的。

第八章

尊重规则，职业化做事

按规则执行和职业化做事是时间管理的重要保障。员工严格遵循和执行规则，可以沿着正确的方向快速提升自己的能力；管理者对管理规则进行严格管控，并以身作则地自觉遵守规则，不仅能够提升自己的管理能力，而且能使企业上下养成职业化做事的习惯。

▌第一节　无规矩，不成方圆

孟子曰："不以规矩，无以成方圆。"唯有按规则执行，才能够保证行为的有序性，在此之下效率方可凸显。

◎渐近自由法则

自从 1964 年加州理工大学的穆里·吉尔曼教授提出在中子和质子里还存在一种更小的物质粒子——夸克以来，科学界一直对夸克之间的力作用感到疑惑：一方面夸克在中子或质子中的运动显得非常自由；另一方面，实验表明夸克之间的结合力十分紧密。1973 年，三位美国科学家格罗斯、维尔切克与波利策提出的渐近自由理论解决了这一疑难问题，同时也对自然界所有的力作用提供了科学的、一致性的解释。这一理论认为，夸克之间的作用力像橡皮筋一样，当距离很近时，作用力几乎为零；当距离增加时，作用力迅速增加。

员工就如同夸克，企业就是夸克所处的力场。如果员工能够遵照规则做事，那么员工之间的互相作用力会很小，即对其他员工的影响力会很小。在这种状态下，每位员工在企业中都处于自由发展的状态。

反之，员工过度强调个体自由，不遵守规则，便会导致个体被其他个体所干扰，其相互作用力便是一种障碍力，员工们在企业中便会被束缚手脚，想要自由反而不得自由。任何力的存在都是有所限制的。一旦员工之间的互相作用力冲破了限制——规则受到极大破坏时，员工自身也会难逃其害。

　　某年，华为某款产品接到事故报告，调查人员展开了紧急调查，发现是产品人员在编程中一个不规范的表达方式引发了问题。

　　华为对编程中的表达方式在编程规范中有明确的规定，但一些研发人员在修改程序时很随意，没有按规定做，导致产品出现故障，最后投入大量人力才将后续问题解决。

产品人员没有遵守编程规范，游离于规则之外，不仅使其他员工的工作受到影响，还要耗时、耗力进行修正。由此可以看出，缺少规则意识，随意性很强，是造成此次产品故障的主要原因。

在一个企业中，追求个体自由、肆意破坏规则是效率的最大障碍。遵守规则，实现"渐进自由"，才是真正值得提倡的。

　　20 世纪 50 年代，大野耐一提出：要将工作中发现的劣质产品放在所有人视线所及之处,绝不可隐藏起来。这也是大野耐一为推行精益生产所制定的"规则"。

当时,人们普遍认为"出现劣质产品就等于技术不过硬"。一旦出现劣质产品,工人们便会习惯性地将其藏匿起来。故而,无论大野耐一怎样强调"不要隐藏劣质产品",员工都不会心甘情愿地去做。

一天,大野耐一到工厂视察生产情况,工人们都聚精会神地埋头工作。突然,大野耐一大声喊道:"这是怎么回事?"声音大得让所有在场员工都吓了一跳。生产小组长赶忙跑过来,大野耐一指着一些被藏在角落里的不合格半成品大声训斥:"为什么要藏起这些不合格品?我已经说过无数次——一旦出现不合格品,就立刻停止生产,并把它们放到通道中,为什么你们不按我的要求去做?"大野耐一气愤地将不合格半成品全部扔到了通道上,反复强调"不要隐藏不合格品,把它们全部放在通道中,让所有人都看见",并对生产线长给予处分,然后转身离去。

为什么大野耐一会如此激烈地要求员工必须这样做呢?因为所有员工必须无一例外地遵守这个规则,才有助于减少不合格品,提高效率。如果所有员工仍然习惯性地藏匿不合格品,虽然短期内看不到个体造成的工作失误,但却需要大家花费更多的时间去检查和处理不合格品。

遵守规则是效果和效率的保证,能够有效避免工作中的错误。因此,对于各项规范和各种审查制度必须不折不扣地执行。

◎堵车的背后

堵车也许是每一个大城市发展当中的一个通病,其原因除了硬件设施的滞后外,还有一个重要原因,那就是参与者破坏规则。争抢行车道、占用左转弯车道等违规行为导致的直接后果就是车行缓慢,一小时的行程需要四个小时。在驾驶员的意识里,自己开快开慢,别人无权干涉。有的驾驶员甚至认为,如果遵守交通规则,自己的车速会更慢。这些人显然是没有意识到:秩序就是效率。

笔者曾遇到一个正在施工的路段,双车道并为一车道,两边的车排起长队,所有的车有秩序地、一边一辆地并车道,车辆通过的速度很快。期间没有驾驶员按喇叭,或者硬抢。相反,如果大家争先恐后地涌入单车道,那么谁都无法通过。因此我们说,遵守秩序和确保效率之间并不矛盾。

在德国,当时速低于120公里时,是不敢轻易上最左侧车道的。即使是在左车道行驶的车,发现后方有更快的车,也要主动让到右侧,绝不占道。

此外,车辆在遇到红灯时,应立即减速停车;在没有信号灯的人行横道上,车辆必须减速慢行,让行人优先通过。

在这种情况下,车辆与车辆、车辆和行人之间相互尊重,形成默契,共同造就了良好的交通秩序。

有时,驾驶员为了确保自己的速度最大化,会不惜去破坏他人的操作环境,影响他人的正常执行效率。这种行为的目的是获得高效率,但是由于它破坏了秩序,因此其本身也会陷入一个更糟糕的局面。

实际上,工作与驾车一样,按照规则,有秩序地做事,效率自然会提升;违反规则,破坏秩序会让效率和工作质量双双降低。

如果我们能够从身边的每一件小事做起,身体力行,自觉地用规则去约束自己,克服不良习惯,那么处理起事情来就会更加井然有序。

◎重视规则的建立

当人们忽视规则的建立时,很可能就要为此付出高昂的代价。

华为当时与 N 国谈合资建厂,时间持续了一年多,但仍未有定论。华为当地项目组进行了分析,发现问题在于提供给对方的文档非常不规范。

一是文档不全。友商阿尔卡特、爱立信提供的技术资料非常厚,华为的资料则很薄。华为提供的技术资料中,大多一笔带过,有的甚至只字不提,使得客户无法确认系统的合理性。

二是文档质量不高。华为在提供给对方的第一批资料中,存在着一些明显的表述错误。例如,报价单总数与价格总额不相符等。

三是文档随意化。欧洲 ETSI 标准有专门对文档格式的规定。在本次招标项目中,对方要求标书满足 ETSI 标准,而华为的文档无标准可言,根本无法满足客户提出的要求。

华为在 N 国的招标项目中,因为文档的不规范使自己处于被动的局面,面对强大且做事规范的竞争对手,不得不花费更多的精力来弥补不足。对我们而言,如果缺乏必要的规则支持,同样会步履蹒跚。对于规则的建立,我们应有自己的思考,要从实践中来,到实践中去,信口开河的规则不如没有规则。

2004 年华为接到×国的一个招标项目,招标书的费用高达 20 万美元,该项目基本覆盖了该国未来 5 年所有可能的固定网络建设,这对华为来说是一次机会。招标书的制作陆续开始了。华为当时第一个光网络 turnkey 项目没有任何一个区域有完整的光缆工程的建议书,挖沟该挖多深、架设多高、分包商的服务和培训建议怎么写,项目组都没有任何参考。

于是,项目组决定从头学起:越过沙漠向中石油请教挖沟,向分包采购商学习写文档,最终项目组提出了完整的投标书,并在技术评比中拔得头筹。这份投标文档已成为各片区的重要样本。

华为在×国的投标书没有任何标准,开始建立自己的投标规范,在此过程中,他们没有待在办公室"苦思冥想",而是深入现场,请教学习,最终完成了一份合格的投标书。除此之外,还应注意经验的积累和资源的应用,它们能够帮助你完善工作规则。

2006年年末,陈默(化名)依公司指示,前往欧洲启动沃达丰的规范投标工作。客户要求很高,陈默觉得以往的经验值"归零"了。新的标书从形式到内容,从语言到逻辑必须提升和完善。面对新规范的建立,陈默千头万绪,简单梳理了一下思路后,她整理了过去两年沃达丰所有的客户招标书和投标书,同时与系统部、客户线、产品线的同事反复沟通,终于制定了系统部的投标运作规范和投标书范本,使公司投标工作逐步规范化。

在建立工作规范的过程中,陈默充分应用以往信息、经验和资料,并与同事进行沟通,极大地拓展了知识的宽度和深度,使得各种有价值的信息源源不断地汇聚,为成功地建立工作规范提供了重要的保障。

◎规则面前人人平等

规则若与效率为伴,那么就必须确保一个条件——规则面前人人平等。

联想集团有这样一个制度——凡开会迟到者都要罚站。联想集团董事长柳传志在媒体的一次采访中说:"公司规定,如果不请假而迟到就一定要罚站。我也被罚过三次,但这三次都是在无法请假的情况下发生的,比如有一次被关在了电梯里边。罚站是挺严肃,而且很尴尬的事情,因为这不是随便站着就可以敷衍了事的。在20个人开会的时候,迟到的人进来后会议就要停一下,静默看他站一分钟,有点像默哀,真是挺难受的一件事,尤其是在大的会场,会采用通报的方式。第一个罚站的是我的一个老领导,他罚站的时候,站了一身汗,我坐了一身汗。后来我跟他说:'今天晚上我到你们家去,给你站一分钟。'不好做,但是也就这么硬做下来了。"

柳传志的那位老领导对联想集团的贡献巨大，但他违反了规定就必须受罚。联想集团在管理的过程中，在对违反制度员工的处理上，做到了规则面前人人平等。

任正非也意识到了这点。他要求华为提倡"公平竞争，不唯学历，注重实际才干"，并在华为建立和推广能上能下的职业机制。

1991年，胡红卫从大学毕业，成为华为的一名正式员工。入职以后，胡红卫的心里很忐忑不安，因为他只是中国科技大学的一名精密仪器专业的学生，而华为主要做通信产品，专业不太对口。他担心在华为是否能够像专业对口的人一样，有得到重用的机会。然而，华为为他打开了通往成功的大门，专业也并没有像当初想象的那样，成为障碍。胡红卫靠着自己的努力，以技术员和助理工程师起步，逐步做到工程师、项目经理，然后还担任过生产部经理、制造部经理、计划部经理等多个重要职位。

其实，在华为，像胡红卫一样的人还很多，他们有些专业不对口，没有高学历等，但他们肯脚踏实地的工作，努力奋斗，华为为他们提供了均等发展机会。赏罚分明是华为一贯坚持的原则，任何人都没有例外，凭借这样的执著，华为团队、员工的执行力和效率不断获得提升。

2009年6月华为在沙特CSO团队需要开具一种到货款的票据，这种票据以前没有开过，而此时代表处业务量巨大，人员紧张。于是，CSO团队将开票任务交给本地员工沃达，希望他能承担这项工作。沃达接到任务后，不断与客户、市场、供应链、财经等部门沟通协调，只用了三天时间就将任务完成了，大大超出了预期。对于沃达的表现，代表处将他提升为产品经理。

对于做得好的员工，代表处总是给予更多的成长机会。但对于不努力的员工只能淘汰出队伍。在CSO团队业务量巨大的时候，有两名员工在岗位上不称职、且很消极，经过几次提醒后，没有改变，CSO团队只得让他们离开。通过这样的赏信罚必，CSO团队的战斗力提升很快。

从案例中可以看到，华为CSO团队该奖则奖，该罚则罚，一视同仁。这种信必立、行必果的作风塑造了华为强大的执行力。

▌ 第二节　职业化做事利己利人

一个优秀的员工、管理者，必须具有职业化做事的能力，能够在合适的时间、合适的地点，用合适的方式，做合适的事。职业化可以帮助个体更好地融入团队，同时也有助于个体更高效地开展工作。

◎立即执行，没有任何借口

面对任务、危机、机会，必须挺身而出，不躲避、不敷衍；必须坚定立场，而不是彷徨、不知所措；必须坚定信心，而不是悲观、找借口，束手待毙。

> 华为南昌用户服务中心突然接到用户电话：上饶铁路电务段一台HJD48 机遭雷击，急需备用板。当时，办事处工程师已全部外派，从邮电局寄完包裹、正准备回家休息的秘书杨辉（化名）决定自己连夜送备板到上饶去，并与杭州用户服务中心联系请求工程师支援。杨辉知道，用户的需要就是命令。
>
> 时间很紧，杨辉跑步赶上火车，次日凌晨三点到达上饶铁路段。经过杭州办事处派出的工程师一个多小时的工作，电务段 HJD48 机器才恢复正常运行。
>
> 上饶铁路段办事人员一再要杨辉留下休息，但她说"办事处没有人，明天还有客户等着我"，于是连夜赶回南昌。
>
> 上饶铁路段段长大受感动，于是又订购了华为的一套 C&C08 机。
>
> 杨辉在办事处没有人的情况下主动送备用板，没有为自己找任何借口：不是自己的责任、路途遥远、赶不上火车……她当机立断，毅然前往，感动了对方，为公司赢得了一笔订单。

如果从一开始就把一些机会和工作贴上不可能或没希望的标签，然后寻找不可能或没希望的借口和理由，那么一开始就注定是失败。

> 西点军校下级遇到上级问话，只有四种回答："Yes, sir!"、"No, sir!"、"Sorry, sir!"、"No reason, sir!"。
>
> 据美国商业年鉴统计，自"二战"后，在世界 500 强企业中，西点军校培养出来的董事长有 1000 多名，副董事长有 2000 多名，总经理、董事一级的有 5000 多名。任何商学院或机构都没有培养出如此多的优秀的管理人才。

"没有任何借口"是西点军校的行为准则，正因如此，西点军校的每个人都勇于承担、做事果断，人才济济自是不在话下。

大名鼎鼎的巴顿将军也是立即执行、没有任何借口的拥趸。巴顿将军在他的日记中写了一次送信的经历。

> 有一天，潘兴将军派我去给豪兹将军送信。但我所了解的关于豪兹将军的情报，只是说他已通过普罗维登西区牧场。天黑前我赶到了牧场，碰到第 7 骑兵团的骡马运输队。我要了两名士兵和三匹马，顺着这个连队的车辙前进。走了不多远，又碰到了第 10 骑兵团的一支侦察巡逻兵。他们告诉我们不要再往前走了，因为前面的树林里到处都是敌人。我没有听，继续沿着峡谷前进。途中遇到了费切特将军（当时是少校）指挥的第 7 骑兵团和一支巡逻兵。他们劝我们不要往前走了，因为峡谷里到处都是敌人，而且他们也不知道豪兹将军在哪里。但是，我继续前进，最后终于找到豪兹将军。

"不找任何借口，立即行动，坚持完成任务。"巴顿将军这样要求自己，这一信念使他集中精力，成功地完成送信的任务。同时，他也以此为标准来要求自己的士兵，甚至以此来提拔士兵。

在做事时立即行动，不找借口，直至完成任务，这样才能保证高效的行动力。如果一个人总是为自己找借口，他将一事无成。

◎"第一次就做对"

"第一次就做对"是著名管理学家克劳士比"零缺陷"理论的精髓之一。"第一次就做对"是最便宜的经营之道，也是最经济的时间应用法则。《华为人》上曾刊登过这样一篇文章，大概内容是：

> 华为人在标书上经常出错，有些地方懒得将中文译为英文，懒得修改名称，懒得用拼写检查工具检查拼写错误……最后不得不全部返工。有的员工狡辩：时间太紧了。但是，难道我们有时间返工，却没时间把工作一次做到位吗？

这是华为对自己的工作成绩评价和考核指标进行的一次反省。速度有时并不等于效率，不要认为工作不重要、不紧急，就敷衍了事，投机取巧，因为任何返工或不到位，就意味着更多的时间浪费。无论工作轻重缓急，既然已经开始，为什么不把工作一次就做到位？

> 华为浙江移动 TD 项目组 1 月 8 日上午获得一个消息，杭州移动副总将于 1 月 9 日前往桐庐调研 TD 工程建设进展。华为杭州办事处

得到消息后,要求现场项目组必须在当天打通 First Call(第一个电话),以展示华为公司 TD 项目的交付实力。

项目组得到命令后,立即组织人员对现状进行分析,共发现四个问题:①CS 到 RNC 的 IU-CS 接口没有联调,CS 侧数据没有制作;②RNC 到 NODEB 之间的 IUb 口传输没有联调;③NODEB 侧软件需要升级并加载脚本;④RNC 到 CS,RNC 到 NODEB 的传输不通。

通过讨论,项目组发现 RNC 侧数据制作、CS 侧数据制作、NODEB 侧软件升级、脚本加载可同时进行,并完全可以由人工控制;但是 RNC 到 CS、RNC 到 NODEB 的传输不通是制约 First Call 实现的关键,且传输工作不受项目组控制。

项目组于是决定兵分三路:一路直赴站点进行 NODEB 升级、脚本加载;一路与 CS 进行对接数据核查,并跟踪 CS 进度;一路与当地客户移动传输中心配合解决传输问题。期间,三路人员保持密切联系。经过不懈努力,11 点 30 分,RNC 到 NODEB 侧传输链正常;14 点 45 分,IU-CS 物理连接成功。传输准备完毕后,开始检查数据。在 NODEB 侧,现场人员在研发的指导下,升级本地版本,排除了 GPS 定位问题……一切都在紧张有序地进行着。时间到了 17 点,离客户下班还有 30 分钟。17 点 10 分,杭州移动 TD 二期项目第一个语音视频电话打通。在其后进行的测试中,接通率为 100%,语音、视频质量均良好。

华为浙江移动 TD 项目组一次实现 First Call 的目标,完美地向客户展现了自己的交付能力。"第一次就做对"是华为对各级员工的基本要求之一,这也是他们不断取得成功的重要原因。那么,如何才能"第一次就做对"呢?

☐ 首先,就当前任务进行分析,发现入手之处,就如案例中杭州 TD 项目组先分析、总结项目存在的问题,避免盲目行动,造成工作遗漏或目标错误。

☐ 其次,确定行动方案,分析完成任务的难点、重点以及所需的资源。案例中杭州 TD 项目组针对问题,分析重点,并确认需要客户的支持。

☐ 最后,分工明确(分配合理),统筹兼顾,采取并行作业的方式展开任务,并在执行中随时保持联系,调动资源。在任务即将完成时,检查回顾。

对于一项本来一天就可以完成的工作，如果反复修正，可能要花费一周的时间才能完成，而且需要更多的人力支持。所以，我们务必要达到"第一次就做对"。

◎工作严谨，完成闭环

华为人凡事都会有始有终，不论项目大小都不会忘记"收官"。我们也可以把"收官"理解为"闭环"。完成闭环既是一种工作态度，也是一种工作境界。

及时确认结果

管理者要在员工工作过程中进行追踪和确认，而非在工作结束之后；员工要对自己完成的每一个工作环节进行确认。此举可以将问题杜绝在萌芽之中。

> 华为香港员工的职业化精神在华为内部是有口皆碑的，这可以从其秘书的工作中窥见。以文件会签为例，对于需要不同主管签署的文件，秘书会用不同颜色的标签作索引，在文件最上面统一注明不同主管对应的不同颜色的标签，一份厚厚的文件、几十处的签字，按照索引很快就签完了，效率很高。此外，每份文件附带跟踪表，清晰注明该文件目前处于的状态以及跟踪秘书的名字，当最后一位主管签完字后，对应秘书会将跟踪表传真到第一位跟踪秘书那里。

秘书主动完成闭环的这种工作方式，值得我们借鉴。很多人在工作中忽视了这一点，认为每个环节都按照要求认真操作即可，但却忽视了跟踪和反馈的重要性。

如果一个人无法确认自己的工作效果，那么他自然也就无法确认自己的工作效率，最后很可能出现问题。

善于归纳总结

任正非曾尖锐地说道："一个不善于总结的人会有什么前途？"为此，他还曾用这样一段话鼓励华为人要通过事后回顾获得改善。

> 现在给你一把丝线，你是不能把鱼给抓住的。你一定要将这把丝线结成网，这种网就有一个个网点。人生就是通过不断地总结，形成一个一个的网点，进而结成一个大网。如果你不善于归纳总结，就会像猴子掰包谷一样，掰一个，丢一个，最终将没有一点收获。大家平时要多记笔记、写总结，不想进步的人肯定就不会这么做。不进步还不安分，牢骚怪话满腹，这样的人我们不接受。如果你不善于归纳总结，你就不能前进。人类的历史就是不断从必然王国走向自由王国的历

史。如果没有平时的归纳总结,结成这种思维的网,那就无法解决随时出现的问题。不归纳你就不能前进,不前进你就不能上台阶。人是一步步前进的,你只要一小步、一小步地前进,过几年当你回首总结时,就会发现你前进了一大步。

任正非讲话的目的是为了让员工在工作中随时总结经验教训,巩固成果。总结归纳工作对后期的项目执行有着极大的帮助。例如,华为会针对每个项目制定相关的指标,然后根据指标进行评估和验收,将先进的经验纳入下次的项目执行中,提高项目的执行水平。此外,华为还非常重视关于项目的文件整理,包括各个阶段的文档都整理归档,以实现文件及内容的可追溯性。总之,养成工作严谨、做事有始有终的习惯,可以帮助我们始终保持高效的执行力。

◎守时是一种承诺

守时是一种美德,也是一种承诺。

李先生从日本东京成田机场转机到美国纽约。在机场,李先生问一家餐厅的店长:"我明天 6 点钟的飞机,不知道你们餐厅这么早开业吗?"

店长说:"我们 4 点钟开业。"

李先生笑了笑,转机这天,李先生 3 点半就开始收拾,3 点 50 分来到餐厅门口,餐厅里面灯火通明,人们忙忙碌碌,玻璃门上面挂了一个"准备中"的牌子。

3 点 55 分,餐厅门口两侧各站了两位服务员。

3 点 59 分,店长站在中间,面对玻璃门。

3 点 59 分 30 秒,店长整理了一下装束,将玻璃门打开。

李先生进门,五个人一起鞠躬:"早安,先生,欢迎光临!"

时间正好 4 点整。

守时是一种习惯,它体现的是做事认真负责的态度;守时是尊重他人的表现;守时还是互相合作的前提。例如,飞机到达机场后,旅客的行李分发需要许多不同岗位的人配合:飞机货舱内的搬运夫、驾驶运行李小车的司机、分辨行李去向的行李员、行李传送带的司机。他们中,如果任何一个人不守时,都会耽误旅客提取行李,还可能影响旅客旅程的安排。

正因为守时的影响之大,人们甚至将守时作为判断一个人、一个团队是否能够合作的标尺。

　　1997 年 2 月，华为的 STP 接受电信总局的测试，测试时间为 15 天。项目组开始日夜忙碌，白天配合测试组进行测试，晚上依据白天的测试结果对程序进行调整。很多人完全以实验室为家，项目负责人甚至好几天都没回宿舍。在项目组和测试组的共同努力下，原计划用 15 天测试完全部条款，实际只用了 7 天，而且测试非常成功。

　　华为员工在工作中不惜牺牲自己的生活时间，也要保证项目按时完成。准时交付已成为华为人的一个信念，不论面对何种困难，都要信守承诺。在华为曾经流传这样一个故事：某地道路被冲毁，车辆无法通行，华为租用一架直升机将通信设备送往目的地——一座山上的基站，并按时完成交付。

◎做勇于承担责任的职场人

　　一个不愿意承担责任的人，很难想象他会有时间观念，或去努力完成某件事。华为人勇于承担责任，能够积极主动地执行、探索问题根源，追求更好的解决之道，其目标始终得以高效实现。

　　2003 年平安夜，阿联酋电信运营商 Etisalat 宣布，将中东及阿拉伯国家的第一个 3G 合同授予华为。众所周知，Etisalat 工程勘测、工程施工、工程交付、市场交流等流程制度非常严格。此时上级的指示也下来了："这个项目只许成功，不许失败。"面对双重压力，项目组深感责任重大，最后李清（化名）担负起了交付重任。

　　公司上下对这个项目倾注了极大期望，即使在春节的时候，公司领导从中国打来电话问候李清和项目组，也嘱咐他们一定要把公司第一个 3G 项目做好。这句话成了李清和项目组的使命。交付工作紧张地进行着，随着项目的进行，大家的荣誉感和归属感越来越强。很多员工说："要是没干好，出去别说是阿联酋 3G 项目的人。"这种强烈的责任感感染着团队的每个人。

　　经过项目组的艰苦奋斗，2004 年 6 月，阿联酋 3G 商用局对 3G 系统进行了测试，华为经受住了客户最严格的把关，并成为其新的主要战略合作伙伴。

　　李清和他的团队面对压力，勇敢地担负起建设阿联酋 3G 项目的责任，在工作中发挥艰苦奋斗的精神，最终完成了任务。

　　林肯说过，每一个人都应该有这样的信心：人所能负的责任，我必能负；人所不能负的责任，我亦能负。抱有如此信念，我们才能实现自己的理想。

承担责任,需要勇气,还要不怕犯错误。华为人在工作中总结出了一些承担责任的应有表现,在此列举出来,供大家反思。

对客户负责而非领导

工作中我们要心怀"对客户负责"的信念,而不是揣测领导喜好做事,凡事只听领导的。华为不断强调,要敢于批评,不正确的要否定。华为有一个民主会的活动,在会上,即使职位再高也要接受批评,一线人员可以直接指出上级的各种问题。基于此种文化,华为的员工敢于提出自己的观点而不畏惧。

在职权范围内决策

很多人在工作中遇事不敢做主,事事请示,把责任和压力都丢给上级,自己当二传手,没有承担起应该承担的责任。这只会让自己的执行力越来越差。我们应努力改变这种局面,锻炼自己独当一面的能力。

不推卸责任

属于自己承担的应积极担负起来,不要左推右推,自己落得一身轻。这让团队的事情得不到及时的处理,未来市场潜在的机会也在推脱中消失掉了。久而久之,团队的效率也慢了下来。

不做和事佬

工作中追求人安我安、人云亦云,不敢讲真话和反映真实问题,别人的事情我不管,别人也不要管我,这是典型的和事佬。其带来的危害是,自己和他人丧失改进的机会,各种问题潜伏起来,造成后期任务失效,费时、费力返工,还会丧失客户的信任。

如果我们将工作中存在的问题真实地反映出来,只是面子上一时不好看,但却可以避免很多麻烦。

勇敢创新,不怕犯错

工作中因害怕犯错误而墨守成规,不敢做决策,只能原地踏步。虽然少犯错误,但机会却可能被断送。对创新患得患失,犹豫不决,会让团队分散精力,浪费资源。我们需要在具体的工作方法、方式上勤于思考,不断创新。

▍第三节　寻求突破，超越自我

身在职场，如逆水行舟，不进则退。一个人必须敢于冲破束缚，超越自我，在不断前进中，提高自己的知识和技能，继而从容应对各种工作和挑战。

◎展示值得信赖的工作态度

成功的职业工作者会管理自己，自觉地完成属于自己的任务，自觉地作出贡献以及自觉地追求工作的效益，这是一种值得信赖的工作态度。这样的人，根本无须要求其注意时间效率成本，因为他正在用行动争取着时间效率成本的最小化。

> 一位记者向一名班长问道："在战场混乱的情况下，你是如何按照上级的指挥来完成任务的？"战士回答说："在那里，我并不能完全收到上级的指挥，这个时候，我就是那里唯一的负责者。领导已经训练过我们如何随机应变，我会根据上级最初提出的要求来自主完成任务。"

这位班长展示的便是一种值得信赖的态度。这种态度使得行为者积极主动、自动自发地工作，与管理者、组织之间达成默契，完全不需要考虑控制时间的问题，因为他们会自主地控制自己工作的时间，调整个人的工作效率。对于华为人，他们是通过艰苦奋斗和对客户负责的信念来完成自己工作的。

> 华为在 GSM 项目组设计的一版本始终不稳定，最后分析是代码的问题。项目组组长赵明（化名）带领大家开始分析代码漏洞。几个月过去了，系统仍然不稳，不断有各种问题出现，上百万行代码分析让大家疲惫不堪。但项目组用"首战用我，用我必胜"的信念支撑着GSM 项目组人。
>
> 在接下来的三个月里，大家吃住在公司。赵明每天晚上 9 点催员工回家，谁料刚赶走的转眼又出现在座位上；而赵明本人来得早走得晚，有时早上刷卡时发现，上条记录显示的仍是前一天晚上刷卡留下的记录。项目组从上到下都以一种奋不顾身的努力，完成近 25 万行代码的整改，挖掘出数千个问题，版本质量不断趋于稳定。

GSM 项目组以惊人的毅力、行业决心，在付出了 200 多个日日夜夜的努力后，完成了版本的整改，为版本的发行提供了宝贵的时间。

值得信赖的工作态度往往体现在你的一言一行、一举一动之中。在举手投足之间,就可能赢得他人的信任,实现工作的价值。

> 松子是一家日本公司的雇员,主要负责为美国公司的一位商务总监购买往返于大阪和东京之间的火车票。
>
> 这名总监发现,他每次去东京时,位置总是靠左窗边;而每次从东京回到大阪时,他的位置又变到了右窗边。于是询问松子原因。
>
> 松子礼貌地回答:"回大阪时,富士山在您的右手边,而去东京时,富士山在您的左手边。这样做,您就可以在往返时都能欣赏到富士山的美丽景色。"
>
> 总监深受感动。不久他向美国总部发出申请,建议将与这家日本公司的贸易额从400万美元提高至1200万美元。他认为:在这样的小事上都能做到细致入微的企业,在未来会有更大的作为,在贸易往来上值得信任。

松子细致的工作态度,让她获得了信赖。仅仅是因为她的这种态度,便为公司增加了800万美元的贸易额。如果用工作效率和价值来衡量的话,她的效率非常高,价值非常大。

联合利华前主席奈尔·菲茨杰拉德曾说:"即使你有了所有的事实和数据,所有能支持你的证据和所有你需要的背书认可,但如果你没有博得信任,那你什么也做不成。"

◎别给人生设限,多努力一点

心理学中有一个有趣的跳蚤实验。

> 科学家将一只跳蚤放在桌上,一拍桌子,跳蚤立刻跳起,跳起高度在其身高的100倍以上。然后,科学家在跳蚤身上罩一个玻璃罩,再让它跳,这一次跳蚤碰到了玻璃罩。连续多次后,跳蚤改变了起跳高度,每次跳跃总保持在罩顶以下的高度。最后,科学家把玻璃罩打开,但跳蚤仍然总保持在罩顶以下的跳跃高度。

跳蚤之所以仍然保持同样的跳跃高度,并非因为它的跳跃能力降低了,而是由于它给自己设定了限制。在跳蚤看来,无论它怎么跳,都无法跳出这个限制。

当人们给自己设定限制后,也会如跳蚤一样,无论如何努力,都无法突破限制。所以,千万不要自我设限,请给自己更多的空间,实现更高的发展。

> 华为员工静美(化名)在进入华为半年后就遇到了一个很重要的机会:一线和BT(英国电信)沟通的时候发现了一个EMC(电池兼容

性)和供电的交叉标准。这个标准写得很模糊,项目组的其他人也感到很陌生,但是客户要求静美所在的华为项目组必须尽快满足这一标准。于是,在项目组的推荐下,静美接下了这块"烫手的山芋"。

静美不得不把去年部分同事的研究结果接过来,开始系统、全面地调研。包括对外合作、费用申请到测试系统搭建、报告模板等一系列烦琐的工作。在超负荷的工作状态下,静美本着华为人"务实"的精神,最终将一个模糊的标准做成了英国电信、荷兰皇家 KPN 电信集团都一直认可的测试报告,也开创了国内第一个可以全面测试该标准的实验室。

等到 2007 年 9 月该标准改版时,静美还因为熟悉该标准被主管推荐去欧洲参加会议。一个在华为只有 2 年工作经验的"新人",在 BT、FT 等电源专家面前,发表了自己和同事一起写出的提案,并且得到认可。当休息时,BT 的老专家专门跑到静美面前,拍着她的肩膀,伸出大拇指。静美觉得以前的辛苦"赚大了"。

静美,勇敢地接受了每次的挑战,没有给自己设限,更没有说"我不能"。最终一个在华为只有 2 年工作经验的新人,成为 FT、BT 眼中的"专家"。

我们常看到一些看似有才华、有经验、有能力的人,却没有突破的勇气,最终也没有创造什么成就,原因在于他们给自己的思想制定了一个框,让自己受限其中。而对于华为人而言,却是每时每刻都在追求更高的境界。

华为某项目组在 STP(英文 Spanning Tree Protocol 的缩写,中文译为生成树协议)链路内部测试时发现:每连续转发几亿帧,就会产生一个错帧。按照常规,测试是允许一定的错误率存在的。而且,这个问题本可以在高层协议上进行简单处理即可,不过这样做只是简单地掩盖了问题。项目组成员一致认为,如果没有找到问题的根源,将来很可能发生意想不到的后果。为了解决这个问题,项目组成员几乎每天晚上加班(不占用正常工作时间)。其中有一个员工凌晨 1 点钟回到宿舍,刚躺下,脑海中突然浮现出了一个解决方案,立刻起来,朝实验室跑去。经过两个多月的测试和系统分析,项目组终于找出了问题症结。

按照常规,项目组可以对几亿帧才产生一个错帧忽略不计。这样做本来也无可厚非,但他们没有逃避问题,而是选择了找出问题原因。在他们看来,这个漏洞可能会让公司产品退出市场,失去客户……

给自己设限意味着暗示自己:成功是不可能的,是没有办法做到的,我只能做到这一步,没有什么提升空间了……当一个人抱持这种想法时,他在行为上便会停滞不前,绝不会再去考虑如何努力提高、改善。

不要为自己设限,永远都多努力一点,便会成就一个人的未来。

◎持续努力,才能够变得卓越

持续努力代表一种工作方式。在瞬息万变的职场中,它是实现卓越的关键。反之,如果一个人总是沉迷于眼下,那么明天就必然遭遇被淘汰的命运。

华为早期的交换机采用国外的用户电路套片,它的故障率奇高,板子经常烧坏,且有时整个板子都会烧成灰烬。

是继续使用国外的电路套片,还是自己开发?继续使用可以节省很多资源,自己研发则需要跨部门合作才能完成,十分麻烦。一番思考后,华为决定开发自己的电路套片。

之后,研究团队(用户组)几年如一日,以精益求精的态度,不断地优化每一条电路,最终研发出质量优秀的电路套片,得到了客户的高度评价。

在接下来的日子,用户组并没有停滞不前,而是不断改进。

以程控交换机防护为例。程控交换机是将各种电信业务传到终端的关键。由于外线电缆暴露的环境非常复杂,如果处理不好,会导致雷电、高压感应等干扰串入交换机,损坏用户板。

为了解决雷击问题,设计人员查阅资料,分析 CCITT K 系列防护标准,深入维修工段,分析返回的失效用户板,进行失效模拟实验。最后,提出了几套防护方案。用户电路研究组与邮电专家一起进行测试,几经努力,设计出了有效的防护方案,长期困扰公司的问题得到了解决。

对于这些成果,华为并没有沉浸在其中,他们又将用户板的目标放在了成本与可靠性上……

华为人就是这样脚踏实地,默默耕耘。在这个新旧更迭的时代里,唯有持续努力,才能生存发展。

爱迪生被誉为"世界发明之王",一生创造了无数发明,尤其在电学领域取得了巨大的成功——发明了直流电。但是,他却没有抓住时代的脉搏,在此基础上继续发明交流电,结果在后续的竞争中被打败了。

比尔·盖茨在这一点上与爱迪生截然相反。盖茨让世界的每个人都用上了计算机,Dos 系统在当时非常畅销,连华尔街的投资分析师都认定"这种产品是下金蛋的鹅，是最好的投资产品"。但比尔·盖茨却决定继续对产品进行升级换代，淘汰这个产品。

微软淘汰了微软，盖茨打败了盖茨。不断地努力创新，使微软始终走在时代前沿。我们必须看到持续努力的必要性，无论现在多么有名，或者已经创造了多大的贡献，都需要有持续努力的精神，让自己跟上节奏，保持卓越。

◎关爱他人，成就魅力人格

职场中的关爱缺失是导致效率低下的一个重要原因。最典型的关爱缺失的表现就是职场心理学中所说的"自我服务偏见"。

所谓"自我服务偏见"，是指人们经常认为自己做到了尽职尽责，一旦工作出现问题，那么导致问题出现的原因一定是别人，而不是自己。美国心理学家莱克纳设计的实验能够对"自我服务偏见"的广泛存在加以证明。

实验中，参与者 A 首先开始工作，并且只有当他的工作达到事先确定的评价标准之后，参与者 B 才能开始工作，当参与者 B 达到该标准之后，实验结束。由此，莱克纳得到了三个数据：参与者 A 完成工作的耗时，参与者 B 完成工作的耗时，两人完成工作的总耗时。

随后，莱克纳将两人隔离并对他们分别展开了询问。询问的结果是：参与者 A 表示，总耗时如此之高完全是由 B 造成的，和自己无关；参与者 B 也表达了同样的观点，"他实在是太拖沓了，这一切都是他造成的"。

随后莱克纳又找来其他人参加这项实验，结果大致相同，只有少数人能够主动地将问题出现的原因归咎于自己。

"自我服务偏见"的存在使得员工之间关系非常冷淡，彼此不愿意合作。而在一个不和谐的工作环境中，人们的工作效率很难提高，甚至按时完成工作都存在难度。我们应转变这种观念。

华为约旦代表处的行政部司机班经常要身兼数职：协助采购、维修宿舍、换灯泡、修水笼头等，还有的司机协助 IT 人员维护代表处的计算机或者协助签证官办理签证等。

华为的工作一向很紧，这些"闲人"平时力所能及地帮助公司处理一些琐碎事务，让一线人员安心地工作。

与此同时，代表处很多员工也非常主动地帮助行政完善工作，例如每次有人回国，都会主动询问需要什么药品，有些不同的也主动买了带回代表处。

司机班的班长感慨道："大家就像一家人，互相帮助，工作效率高，也很开心。"

华为内部员工间的这种相互关爱，在国内、国外的代表处很常见。这种关爱精神让华为员工同心协力，使他们能够在艰苦环境中体验快乐，保持源源不断的工作动力。关爱他人、帮助他人能够让团队强大、让个人强大。

星巴克咖啡1987年始于西雅图的一家街头小咖啡馆，发展至今已遍布34个国家和地区，共有约8300家咖啡店。其成功的原因之一，就是团队成员之间的合作、互相关爱。

在星巴克，每个领导者都视自己为普通员工。尽管他们从事计划、安排、管理的工作，但并不认为自己与众不同。他们不享受特殊的权利，做普通员工做的工作。公司的国际部主任去国外的星巴克巡视时，与店员一起上班，做咖啡，清洗杯碗，打扫店铺甚至洗手间；员工之间分工明确，但也有很强的"不分家"的概念：当一个咖啡制作员忙不过来的时候，那些工作不算太忙的人就会去主动帮助他。

这种协调互助和彼此关爱，使得星巴克内部的工作气氛非常融洽。在这种气氛下，整个团队的工作也更高效。

关爱他人，从我开始——只要有一个人率先表现出对他人的关爱，那么这种关爱便会在团队中扩散开来，大家的工作也会更加积极。

参 考 文 献

[1] 杨玉柱.华为时间管理.第2版.北京：电子工业出版社,2011

[2] [德]洛塔尔·赛韦特.把时间留给最重要的事.郝湉译.北京：中信出版社,2011

[3] [美]博恩·崔西.时间力.王月盈译.北京：东方出版社,2009

[4] 罗宇.狼道：生活中的狼性法则.北京：中国纺织出版社,2005

[5] 文丽颜等.华为人力资源.深圳：海天出版社,2006

[6] 王永德.狼性管理在华为.武汉：武汉大学出版社,2007

[7] 程东升,朱月容.任正非如是说.杭州：浙江大学出版社,2008

[8] 李信忠.华为的思维.北京：东方出版社,2007

[9] 冠良.任正非管理思想大全集.深圳：海天出版社,2011

[10] 黄昌华.带好队伍用好人.北京：科学出版社,2010

[11] 张利华.华为研发.北京：机械工业出版社,2009

[12] 程东升,程海燕.任正非管理日志.北京：中信出版社,2008

服 务 信 息

　　北京华通正元管理咨询有限公司(简称华通咨询)是由业内近百位知名管理实践专家和管理研究人员共同创立的管理咨询服务公司,公司致力于工业管理以及一般企业管理的咨询和培训服务。

　　华通咨询专注于管理实践,始终坚持为客户提供专业化的咨询服务,通过全程跟踪的融入式指导,满足客户的深层次需求。

　　1. 提供咨询、培训课题的定制、内容研发和跟进式指导。

　　2. 开设各管理领域的精品公开课,讲授关键管理策略和工具方法。

　　3. 提供基层员工职业化意识、作业技能、心态调节等内训课程。

　　4. 提供中层、基层管理者关键技能、管理策略以及领导力的基础和进阶培训。

　　5. 提供企业辅导、问题诊断和改善、常年顾问及托管式咨询服务。

　　6. 提供管理制度、流程体系、绩效体系、作业标准等管理模板建设支持。

　　7. 提供企业文化建设、企业图书馆配送服务。

华通咨询服务内容(部分)

服务项目	内 容 简 介	服务项目	内 容 简 介
生产管理	1. 工厂治理:全面诊断和改善	采购与物料管理	1. 供应厂商指导和管理
	2. 5S(7S)全面推行		2. 采购作业规范化管理
	3. 生产流程建设和优化		3. 仓储和物料配送规范化
	4. 生产计划和交期管理特训		4. 高效供应链系统建设
	5. 现场布局和设施管理规范	产品研发管理	1. 产品研发流程管理规范
	6. 目视与看板系统建设		2. 研发团队建设与绩效管理
	7. 标准作业与效率提升(IE)		3. 从技术走向管理的修炼
	8. 全员设备维护特训	人力资源管理	1. 招聘、面试技巧特训
	9. 生产班组建设和管理规范		2. 岗位工作规范和技能提升
	10. 生产绩效管理模式设计		3. 薪酬和绩效体系建设
	11. 精益化生产专项推进		4. 目标和时间管理特训
质量管理	1. 质量意识和习惯养成训练		5. 团队建设与执行力培训
	2. QC手法实践指导和训练		6. 内部培训体系建设和指导
	3. 防错、防呆法的运用		7. 员工帮助计划(EAP)
	4. 工厂标准管理实施方法	销售管理	1. 销售团队建设和训练
	5. 全面质量管理实施方法		2. 销售绩效和激励模式设计
	6. 质量控制体系建设		3. 销售心态、技巧和话术训练

从企业管理的需求出发，华通咨询长期坚持管理实践问题的研究，不断推进管理技术的创新和升级，将实践经验、管理方法、应用模板等著作成册，为企业经营者和管理者提供有创见、可操作的管理方法、实施标准和应用模板。

▸ **系统化研究各管理领域**。华通咨询图书产品将全面、系统地梳理和研究各管理领域的现实需求和管理问题。

▸ **提供切实可行的指导方案**。华通咨询图书产品将专注于提供优化管理和解决问题的具体思路、策略、方法、流程、标准、工具和案例指导。

▸ **建设多层次的资源系统**。华通咨询图书产品全力打造"思维启发、方法指导、模板提供"三个层次的资源建设，以满足不同层级的学习和培训需求。

北京华通正元管理咨询有限公司